WEHMEYER

GÄNSEHAUTMOMENTE

Über das Buch

Das vorliegende Buch enthält Erinnerungen des Autors von 14 Ereignissen aus den letzten 70 Jahren. Viele haben aus heutiger Sicht historische Bedeutung für unser Land, manche sogar für die Welt. Diese haben sich im Verfasser eingebrannt, sie haben ihn emotional betroffen gemacht, mal aus einem Gefühl der Freude, aber auch oft aus dem Gefühl der Angst und der Trauer.

Dies ist ein Geschichtenbuch, man könnte es auch als Geschichtsbuch betrachten, denn der Leser kann sich vielleicht selbst an diese Ereignisse erinnern, sein damaliges Befinden mit dem des Autors abgleichen, und der jüngere Leser kann diese Ereignisse als Anlass für Gespräche mit Zeitzeugen nutzen.

Das Buch ist chronologisch gegliedert. Am Anfang steht das Jahr 1954, als der Autor als 7 ½ -jähriger den Gewinn der Fußballweltmeisterschaft in der Schweiz durch die deutsche Nationalmannschaft durch die eigenen Augen, Ohren und Handlungen miterlebt.

Weiter geht es mit Ereignissen, die in der Ferne passieren, in denen jedoch die Angst vor einem globalen Krieg die Gefühle bestimmt, dazu gehören der Ungarnaufstand und die Suez-Kanal-Krise 1956, der Bau der Berliner Mauer 1961, für den damals pubertierenden Autor gleichzeitig mit großen Emotionen beim Erwachsenenwerden verbunden. Die Sturmflut in Hamburg 1962 war ebenfalls ein Ereignis der persönlichen Betroffenheit, mit der Kuba-Krise ist die Angst vor einer atomaren Auseinandersetzung verbunden. Der Tod John F. Kennedys im November trug zur kollektiven Trauer bei. Es folgen politische Ereignisse, wie das Konstruktive Misstrauensvotum 1972 gegen Kanzler Willy Brandt. Einer der Höhepunkte ist die Geschichte „Gefesselt vor Karstadt", in der das zufällige Hineingeraten des Autors in einen Polizeieinsatz und seine Folgen während der aufgeheizten Zeit der RAF-Anschläge beschrieben werden.

Nach einem der emotionalen Höhepunkte, den Fall der Berliner Mauer 1989, geht es wieder in die weite Welt hinaus. 9/11 im Jahr 2001, eigene Erlebnisse in Israel und Palästina 2008, das hautnahe Erleben des Arabischen Frühlings 2011 in Ägypten, Kopftuchszenen aus Teheran 2014 und zum Schluss der Besuch der KZ-Gedenkstätte Auschwitz-Birkenau.

Klaus Wehmeyer

Gänsehautmomente

Mit Geschichten erlebte Geschichte

1954 - 2022

Impressum:

© Klaus Wehmeyer, 2023

ISBN: 9 783 752 846 874

Umschlagentwurf: Samira Mousavi

Fotos: Siehe Anhang

Herstellung und Verlag: BoD – Books on Demand, Norderstedt

Für Jona,

der durch Opas Geschichten

etwas über die Geschichte erfährt

Inhaltsverzeichnis

Data does not go viral. Stories do.

Lisa Johnson

Vorwort

Wenn die ersten 70 Jahre eines Lebens an einem Menschen vorbeigerauscht sind wie ein Fluss, dann erinnert man sich an manche Stromschnellen, Untiefen, Hindernisse, Momente, in denen das Herz fast stehengeblieben ist, weil es vor Aufregung oder vor Freude so sehr geschlagen hat und ein kalter Schauer der Angst, der Trauer oder auch manchmal ein warmer der Freude über den Rücken läuft, so dass sich die Körperoberfläche zusammenzieht zu einer Gänsehaut.

So gibt es Ereignisse, die sich einbrennen ohne verbrannt zu werden und sich als Erinnerung in unserem Gehirn festsetzen. Manches dauert nur einen kurzen Moment, anderes spielt sich über einen längeren Zeitraum ab, so ist es auch in meinen Erinnerungen an „Gänsehautmomente" meiner bisherigen Lebenszeit.

Menschen meines Jahrgangs, die in diesem Teil Europas aufgewachsen sind, haben in der Regel ein gutes Leben gehabt, vor allem bedingt durch den Umstand, dass man vom Krieg durch die Erlebnisse der Älteren zwar gehört, aber ihn nie selbst erfahren hat. Und kein Krieg bedeutete hier auch, dass eine florierende Wirtschaft unserer Generation einen ständig steigenden Wohlstand beschert hat. Aber es gab auch Momente der Bedrohung, Angst (auch vor einem Krieg) und großer Freude, manchmal miteinander gepaart.

Die Ereignisse und damit verbundenen Erlebnisse, über die ich geschrieben habe, sind meist ein Stück Geschichte unseres Landes, aber einige gehen auch über unsere Grenzen hinaus und handeln von Begebenheiten in anderen Ländern. An manche werden sich bestimmt alle erinnern, und viele werden auch darüber nachdenken, ob und wie sie diese Momente selbst erlebt haben. Allerdings habe ich mich nicht um eine objektive Geschichtsschreibung bemüht, weil es mir wichtig war, meine ganz persönlichen Empfindungen einfließen zu lassen.

Bei vielen Menschen, besonders den Älteren, werden beim Lesen eigene Erinnerungen wach. Sie werden sich überlegen, wie sie diese Ereignisse selbst wahrgenommen und erlebt, welche Empfindungen sie gespürt, wo sie sich am Tag der Ereignisse aufgehalten und mit wem sie diese Tage verbracht haben.

Für Jüngere ist dies ein kleines Geschicht(en)sbuch über die zweite Hälfte des 20. und die ersten 22 Jahre unseres 21. Jahrhunderts. Allemal könnte es ein Anlass sein, mit reichlich vorhandenen Zeitzeugen dieser Ereignisse ins Gespräch zu kommen.

4. Juli 1954 – Wir sind Weltmeister

Dieses Ereignis war für viele Menschen in Deutschland – auch für mich als siebenjährigen Steppke – der Moment, in dem der stolz auf Deutschland wiedererwachte oder wie in meinem Fall das erste Mal aufkam, aus einem Grund, den ich mir damals noch nicht erklären konnte...

Ich war Schüler der 2. Grundschulklasse. Wieder einmal war Sommer, und entfernt nahm ich wahr, dass in der Schweiz die Fußballweltmeisterschaft stattfand, an der auch die deutsche Nationalmannschaft teilnahm. *„Keine Chance haben die, das sind doch alles Flaschen!"* sagte mein Opa, denn er hatte am Radio die Reportage des Vorrundenspiel gegen Ungarn gehört, und Ungarn hatte Deutschland vernichtend 8:3 geschlagen. Ich wusste, dass mein Opa Fußballexperte war, denn er spielte regelmäßig im Fußballtoto und hatte dabei auch schon einmal mehrere Hundert Mark gewonnen.

Wir wohnten mit unseren Großeltern in einem Doppelhaus Tür an Tür. Zu Oma und Opa brauchte ich nur wenige Schritte über den Hof gehen.

Opas Miene hellte sich im Laufe der Woche auf. Die *„Flaschen"* hatten gegen die Türkei 4:1 gewonnen, und sie mussten in einem Entscheidungsspiel nochmal gegen die Türken ran. *„7:2"* verkündete mir Opa, und dann solidarisierte er sich nicht ohne Stolz mit der Mannschaft: *„Wir sind weiter"*, wobei das *"wir"* wohl bedeutete, dass er sich jetzt als unsichtbarer Mitspieler der Mannschaft empfand.

Auch wir Jungen waren von jetzt an mit im Team. Einer von ihnen aus unserer Straße hatte einen etwas flauen Lederball, mit dem wir vor unserer Haustür gegen ein Eisentor kickten, nur unterbrochen von im Halbstundenrhythmus vorbeifahrenden Autos. Jetzt hießen wir nicht mehr Peter, Klaus oder Joachim, sondern Fritz Walter, Toni Turek oder Jupp Posipal, einer, der sogar aus unserer Stadt vom HSV kam.

Mein Opa war gespannt, wie es weiter gehen würde, jedenfalls saß er immer wieder in der Küche vor seinem Radio und fieberte den weiteren

Spielen entgegen. *„Denen haben wir es aber gezeigt"* stellte er freudig erregt nach dem 2:0 gegen die von ihm hoch eingeschätzten Jugoslawen fest.

Ich war kein besonders guter Fußballer, und vor dem nächsten Spiel auf unser Eisentor durfte ich nicht in der deutschen Mannschaft als Fritz Walter spielen, sondern musste als namenloser Österreicher verlieren. Und so kam es auch in Wirklichkeit. Nach dem Halbfinale gegen unser Nachbarland kam Opa aus der Küche mit einer Flasche Korn für sich und seinen Schwager Paul Streich sowie einer Frisco-Limonade für mich auf unseren Hof und sagte: *„6:1! Wir sind im Finale! Und da müssen wir wieder gegen die Ungarn ran, aber das wird schwer für uns!"* Dabei dachte er wohl an das vergeigte Vorrundenspiel, aber gleichzeitig stellte er fest: *„Da hat Herberger auch nur seine zweite Garnitur spielen lassen!"*. Seine *„Flaschen"* vom ersten Spiel hatten jetzt schon fast Heldenstatus.

Aber auf das Finale gegen den haushohen Favoriten mussten wir noch einige Tage warten. Inzwischen kannte ich die Namen der deutschen Mannschaft auswendig und wusste auch, wer in welchem Verein spielte. Sogar der Name des ungarischen Kapitäns, Ferenc Puskás, war mir ein Begriff. Von ihm sprachen alle, auch mein Opa, nicht nur mit Hochachtung, sondern auch mit einer gewissen Furcht vor seiner Torgefährlichkeit.

Das Finale war am Sonntag, dem 4. Juli 1954. Ich wollte das Spiel mit meinem Opa in der Küche hören, aber am Tag zuvor fragte mich Rainer, mein Klassenkamerad, ob ich nicht zum Endspiel zu ihm kommen wolle, seine Eltern hätten dies erlaubt, und Rainer wohnte nur drei Minuten von uns entfernt.

Rainers Eltern gehörten zu den Ersten, die damals schon einen Fernseher besaßen. Für mich war es eine Premiere, denn ich hatte noch nie in meinem bisherigen Leben ferngesehen.

"Na dann viel Spaß", sagte mein Opa, bevor ich zu Rainer ging, und ich glaube, dass er ein bisschen traurig war, denn erst fünf Jahre später

12

konnte er sich einen eigenen Fernseher kaufen, um damit Fußballspiele zu sehen.

Die Straßen waren leergefegt. Keine Menschen draußen, kein Auto unterwegs, und eine weitere Familie in unserer Straße, die schon einen Fernseher besaß, nahm Eintrittsgeld, um das Spiel zu sehen, 50 Pfennig für Erwachsene, 30 für Kinder. Meine Mutter saß in unserer Küche vor dem Röhrenempfänger und hörte auf Mittelwelle mit meinem Bruder und meiner kleinen Schwester dem legendären Reporter Herbert Zimmermann zu, der aus Bern berichtete.

Es hatte an diesem Sonntag den ganzen Tag geregnet, sowohl in der Schweiz als auch in Hamburg. Das Wohnzimmer von Rainers Eltern war schon voll von Gästen, die gebannt auf den kleinen runden Bildschirm starrten, auf den das Spiel live übertragen wurde. Auch wir Kinder, die vorne auf dem Fußboden saßen, fieberten mit und waren über die ungarische Halbzeitführung genauso enttäuscht wie die Erwachsenen. Zur Pause schickte man uns auf die Straße, der Regen hatte ebenfalls Halbzeit gemacht. Natürlich wollten wir Fußball spielen. Ich sollte Ungar sein, Rainer war Helmut Rahn. Also kickten wir, und Rainer foulte mich, als ich versuchte, mit dem Ball an ihm vorbeizuziehen. Ich nahm als Gegenmaßnahme Anlauf und schubste ihn so sehr, dass er in eine Pfütze fiel. Es war Sonntag, unsere Bekleidung bestand aus weißen Strümpfen, guten Schuhen, einem weißen Hemd. Alles an Rainer war nass und schmutzig. Weinend lief er ins Haus zu seiner Mutter. Die sah in mir (zu Recht) den Schuldigen und schickte mich nach Hause. Meinerseits weinend lief ich zu meinem Opa, der in der Küche an seinem Rundfunkempfänger saß. Er nahm mich in den Arm und tröstete mich. *„Radio ist auch schön"* sagte er, und so konnte ich mit ihm gemeinsam voller Stolz, Freude und einer Gänsehaut das Siegtor durch Helmut Rahn und damit den Gewinn der ersten Fußballweltmeisterschaft für Deutschland erleben.

Wir waren Weltmeister!

Herbst 1956 – Ungarn-Aufstand und Suezkanal-krise

1956 war ich neun Jahre alt. Ich hatte begonnen die Welt zu entdecken. Ich entsinne mich an den Eis-Februar mit Temperaturen weit unter − 20 ° C, eine zugefrorene Elbe, auf der man bei Over den Fluss nach Oortkaten trockenen Fußes überqueren konnte, an wochenlange Rodelpartien auf der vereisten Betonstraße am Eingang zur Haake, den Durchzug des viele Tage anhaltenden Schneetiefs „Ossi" (benannt nach der deutschen Olympiasiegerin von 1956 Ossi Reichert in Cortina d'Ampezzo im Riesenslalom), aber auch an heiße Sommertage schon im April, einen zu kühlen Hochsommer mit nur wenigen Badetagen und einen heißen Herbst, in dem der Weltfrieden auf dem Spiel stand.

Ich war Schüler der 4. Grundschulklasse, lauschte voller Interesse den politischen Kommentaren meines Großvaters, eines Sozialdemokraten, der mit seinen Bemerkungen nicht hinter dem Berg hielt, spürte die Angst meiner Mutter vor weiteren kriegerischen Auseinandersetzungen in Europa und der übrigen Welt (sie hatte ihre beiden Eltern bei einem Bombenangriff im Oktober 1944 in Harburg verloren). Sie argumentierte massiv gegen die Wiederbewaffnung Deutschlands und die Gründung der Bundeswehr, besonders ihre bissigen Kommentare zum Einzug der neuen Bundeswehr in eine Kaserne in Andernach sind mir in Erinnerung. Ich konnte gut lesen und fing jeden Nachmittag den Zeitungsausträger, der uns werktäglich das „Hamburger Abendblatt" brachte, bereits auf der Straße ab, um sowohl die Schlagzeilen auf der ersten Seite als auch den Fortsetzungsroman im hinteren Teil in mir aufzusaugen. Ich war also über das politische Tages- und Weltgeschehen durchaus gut informiert.

Mein Vater war die meiste Zeit nicht zu Hause, er schipperte als Kapitän auf der M.S. „Andrea" im Liniendienst zwischen Europa und Mexiko,

Kuba sowie den Südstaaten der USA herum und war nur alle acht Wochen für einige Tage zu Hause.

Im Herbst 1956, genauer Mitte Oktober häuften sich die Schlagzeilen, die über Ungarn berichteten. Dort hatte die von der Sowjetunion gestützte Regierung in Budapest auf friedlich demonstrierende Bürger und Studenten, die Demokratie forderten, geschossen. Ich entsinne mich an die Namen Imre Nagy und János Kádár. Der erste übernahm die Regierung als Ministerpräsident im Oktober 56, nachdem immer mehr Bürger für Freiheit und Demokratie auf die Straße gingen. Nagy ließ den Austritt Ungarns aus dem Warschauer Pakt verkünden, was die Sowjetunion umgehend dazu veranlasste, Panzer in Ungarn einrollen zu lassen, schon nach wenigen Tagen eine ihre genehme Regierung unter Führung ihres Vasallen Kádár zu installieren und eine gewaltige Fluchtwelle in Richtung Österreich auszulösen.

Zu den Meldungen über diesen Aufstand im Herbst 1956, die Berichte über die Toten und Verletzten sowie die Hunderttausenden von Flüchtlingen, die ihr Land Hals über Kopf verließen und auch nach Deutschland (als manchen durchaus willkommene, gut ausgebildete Arbeitskräfte) kamen bestimmte Zeitungsmeldungen und die Diskussionen der Erwachsenen. Aber manchen machten es auch Angst, dass – gerade jetzt zum beginnenden Winter - die vielen flüchtenden Menschen das Fahrt aufnehmende Wirtschaftswachstum in Deutschland gefährden könnten.

Mich interessierte besonders die mir seit dem „Wunder von Bern" bekannte ungarische Fußballlegende Ferenc Puskás, der auch sein Land in Richtung Spanien verlassen hatte und später für Real Madrid sowie nach Erlangung der Staatsbürgerschaft für sein Exilland spielte. Er wurde somit der Fußballheld zweier Nationen.

Es war das erste Mal, dass mich Angst beschlich, Angst vor Dingen, auf die man keinen Einfluss hatte oder nehmen konnte, Angst, die bei mir eine Gänsehaut hervorrief.

Doch das allein war nicht der Herbst 1956. Die Schlagzeilen im Hamburger Abendblatt bezogen sich um den 30. Oktober nicht mehr bzw. nicht alleine auf den Ungarn-Aufstand, sondern ich entsinne mich auch nach 66 Jahren an die Überschrift „BOMBEN AUF PORT SAID - Krieg um den Suez-Kanal". Der ägyptische Präsident Gamal Abdel Nasser wollte sein Land endgültig vom Kolonialismus und britischem Imperialismus befreien und hatte die Kanalzone, die der den Briten und Franzosen gehörige Suez-Kanal-Gesellschaft gewaltige Gewinne aus den Durchfahrtsgebühren bescherte, okkupiert und zum ägyptischen Besitz erklärt. Großbritannien und Frankreich wollten es sich nicht bieten lassen, zur Hilfe sprang ihnen der neugegründete Staat Israel, der sich von den das Land umkreisenden arabischen Staaten bedroht fühlte. Israel kam mit Landtruppen vom Sinai, die Engländer und Franzosen schickten Flugzeuge, die Bomben vor allem auf Port Said am Mittelmeereingang des Kanals und Suez am Ausgang zum Roten Meer abwarfen.

Der Suez-Kanal und seine geografische Lage war mir aus den Erzählungen meines Vaters ein Begriff, er hatte ihn im Laufe seiner Seemannslaufbahn etliche Male passiert. In der Familie wurde von meinem Großvater, meiner Mutter und Freunden dieser Suez-Kanal-Krieg lebhaft und nicht ohne Angst (die sich auf mich übertrug) diskutiert. Auch die Drohung von Seiten des sowjetischen KP – Chefs Chruschtschow (der schon genug mit dem Ungarn-Aufstand zu tun hatte), Atomwaffen auf westliche Städte einzusetzen, verstärkte die Angst, wir konnten uns vorstellen, dass die Sowjetunion dies wahrmachen könnte.

Glücklicherweise kam es nicht dazu. Unter dem Einfluss von Präsident Eisenhower, der seine Verbündeten Frankreich und Großbritannien nicht unterstützte, brachten die USA zusammen mit der Sowjetunion trotz des kalten Krieges eine UN-Resolution ein, die zu einem Rückzug sowohl von Israel als auch Frankreich und England führte. Die Ägypter jedoch mussten Entschädigungen für die entgangenen Gewinne an die Suez-Kanal-Gesellschaft zahlen, die Verwaltung und somit auch die Einnahmen aus den Kanalgebühren jedoch wurde langfristig von ihnen übernommen. Moralischer Sieger des Krieges im Herbst 1956 blieb der auch gerne als „Wüsten-Mussolini" bezeichnete Präsident Nasser. Er galt fortan bis zu seinem Ableben als Führer der arabischen Welt.

In diesem Herbst 1956 spürte ich wohl das erste Mal, wie fragil diese Welt ist und wie schnell wir Menschen auf Grund von Macht- und Geldinteressen zum Spielball der Politik werden.

13. August 1961 - Der Bau der Berliner Mauer

Diese Erinnerungen habe ich am 13. August 2011 aufgeschrieben, am 50. Jahrestag des Baus der Berliner Mauer. Noch heute läuft mir dabei ein warmer und ein kalter Schauer den Rücken herunter, und ich bekomme immer wieder eine Gänsehaut...

Ich bin heute, am 13. August 2011, 64 Jahre alt. In Berlin und an anderen Orten gedenken Politiker, Zeitzeugen und geschichtlich interessierte Bürger dieses Tages, der vor 50 Jahren Deutschland fast an den Rand eines heißen Krieges gebracht hätte, weil die damalige DDR mitten in Berlin eine Mauer errichten ließ, um der Republikflucht ihrer Bürger in die westlichen Sektoren der Stadt Einhalt zu gebieten.

Damals, am 13. August 1961 war ich 14 Jahre alt, ein hochgeschossener, pubertierender Junge, der die Welt erfahren wollte, und die Welt, die ich damals sehen wollte, war die Welt der Liebe, und das bedeutete für mich Erfahrungen mit Mädchen.

Meine Familie – das heißt meine Mutter (mein Vater war als Kapitän irgendwo auf den Weltmeeren), mein ein Jahr älterer Bruder, meine vier Jahre jüngere Schwester und ein befreundetes Ehepaar unserer Eltern war mit unserem neuen Ford 17 m de Luxe (Weißwandreifen, vier Türen, Stahlschiebedach, Radio) mit Dachgepäckträger und Zelten im Sommerurlaub, der erste Campingurlaub für mich und meine Familie überhaupt. Wir waren an die Apenrader Förde nach Dänemark gefahren, nur dreißig Kilometer hinter der Grenzstadt Flensburg. Auf dem nördlichen Fördeufer schlugen wir auf einer Wiese unsere Zelte auf. Es war kein offizieller Campingplatz, aber das Zelten auf der an das Ostseewasser angrenzenden Grasfläche am Rande eines Waldes wurde geduldet. Wir kamen um den 10. August an. Ein 17-jähriger Maschinenbaulehrling aus Hamburg, Jens, zeltete dort auch, rasierte sich jeden Morgen statt mit Seife mit Niveacreme und konnte Gitarre spielen. Einige deutsche und dänische Mädchen scharten sich um ihn, wenn er am Abend am Strand Lieder von Peter Krauss und Rex Gildo spielte, er beherrschte auch einige englischsprachige Rock´n Roll-Stücke von Bill Haley und Elvis Presley. Auch ich saß in diesem Kreis, war neidisch, weil die Mädchen offensichtlich Jens anhimmelten und seine Nähe suchten, aber auch ich verspürte in der Dämmerung eines dieser Augustabende die Nähe eines 15-jährigen Mädchens aus Deutschland, Heike. Sie saß neben mir und fragte mich, als die Dunkelheit einbrach, ob ich sie zu dem Sommerhaus, in dem sie mit ihren Eltern ihre Ferien verbrachte, begleiten würde. Ich tat es gerne und auf dem kurzen Weg schloss sich ihre Hand in die meine. Dann verabschiedete sie sich von mir mit einem ganz langen Händedruck, der meinen Körper vibrieren ließ, und sagte, dass es schade sei, dass sie am nächsten Morgen früh abreisen müssten.

Ich schlief in meinem Zelt (ich war dort alleine, hatte es 60 m entfernt von den Zelten der anderen am Wasser aufgebaut) unruhig, ich wusste nicht, ob ich zu weit gegangen sei, oder ob Heike vielleicht mehr erwartet hatte. Am nächsten Morgen sprach ich mit Jens, dem Erfahrenen, darüber, und dieser meinte, ich hätte sie küssen sollen, aber so etwas hatte ich noch nie getan! Leider musste Jens an diesem Vormittag ebenfalls abreisen, so dass mir ein wichtiger Berater mit viel Erfahrung nicht mehr zur Verfügung stand.

Der nächste Tag, es war Samstag, der 12. August, plätscherte dahin, ich sinnierte am Wasser über meine verpasste Gelegenheit und befürchtete wieder einmal, ich müsse ungeküsst sterben. Doch gegen Nachmittag kam Leben auf die Wiese! Oberhalb von meiner Familie, getrennt durch Büsche, hatte eine Mädchengruppe vom „*Det Danske Spejderkorps*" ihre Zelte aufgebaut, mehr als 20 Pfadfinderinnen zwischen 13 und 15 Jahren! Und sie kamen in ihrer blauen Tracht herunter, lachten mich an, so dass sofort die schwermütigen Gedanken wegen der verpassten Gelegenheit am Vorabend verschwanden.

Die Mädchen erzählten in gebrochenem Deutsch und Englisch, sie kämen aus Herning, einer Stadt in Mitteljütland, und sie würden das Wochenende bleiben. Besonders ein Mädchen begann mit mir intensiven

Blick- und Sprechkontakt aufzunehmen, sie sagte, sie sei Siw, schrieb ihren Namen auf einen Zettel und malte ein Herz dazu. Und als sie in der Dämmerung von ihren Betreuern ins Lager gerufen wurden, flüsterte sie mir noch zu, sie hätte von 11 Uhr in der Nacht zwei Stunden Nachtwache am Lagerfeuer, ich solle doch versuchen zu kommen.

Natürlich war ich aufgeregt, war im Kreise meiner Familie noch wortkarger als zuvor und zog mich bald in mein kleines Zelt zurück. Dort mochte ich kaum die Zeit abwarten, bis es 11 Uhr wurde. ich schlich mich aus dem Zelt über die Wiese und sah schon von Weitem den Schein des Lagerfeuers, an dem drei Mädchen saßen. Ich nahm meinen ganzen Mut zusammen, ging leise zum Feuer und suchte Siw, sie war aber nicht dabei. Stattdessen saß dort ein Mädchen, das mir am Nachmittag als besonders hübsch aufgefallen war, das sich aber still im Hintergrund gehalten hatte. Sie bedeutete mir mit den Fingern auf den Lippen, ganz leise zu sein und lud mich ein, mich neben sie zu setzen. Ich tat es, und wir redeten kein Wort. Stattdessen rückten wir wie unbeabsichtigt dichter zueinander, so dass sich unsere Schultern und Beine berührten. Ich war ziemlich aufgeregt, und weil ich nicht schon wieder eine Gelegenheit verpassen wollte, legte ich meinen linken Arm um ihren Rücken.

Sie rückte noch näher an mich heran, schmiegte sich in meine Armbeuge und legte ihren Kopf an meine Schulter. Als die beiden anderen Mädchen das bemerkten, tuschelten sie miteinander, nickten zu dem Mädchen, das mit mir kuschelte, hinüber und entfernten sich. Auf einmal saß ich mit einem Mädchen, das so schön war, dass ich es noch am Nachmittag für unerreichbar gehalten hatte, Arm in Arm am kleiner werdenden Lagerfeuer zusammen, allein mit ihr und dem Sternenhimmel. Und dann geschah das Wunder, auf das ich so lange gewartet hatte: Mir wurde schwindlig, für einen kleinen Augenblick setzte mein Denkvermögen aus, und das, woran ich mich später erinnern konnte, war, dass meine auf ihren Lippen lagen, unendlich lange, ich ihre Zunge aus dem geöffneten Mund spürte, die erfolgreich versuchte, Einlass zwischen meinen Zähnen zu finden, um mit meiner zu spielen. Irgendwann, ich hatte nie eine Erinnerung an die Dauer der Zeit, lösten sich ihre Lippen, unsere Hände betasteten vorsichtig den Körper des und der Anderen, um sich dann wieder einem langen, leidenschaftlichen Kuss hinzugeben. Trotz der Kühle der Nacht fühlte ich die Hitze in meinem ganzen Körper. Es ging so weiter, ich war sicher, dass ich meine Seligkeit gefunden hatte und wusste jetzt, dass ich nicht mehr ungeküsst sterben würde. Die einzige verbale Kommunikation war meine Frage nach ihrem Namen, sie hieß Annegret, mein Name war ihr noch vom späten Nachmittag in Erinnerung. Plötzlich tauchten die beiden anderen Mädchen wieder auf, sie deuteten an, dass ich gehen müsse, die anderen zur Ablösung der Zeltwache müssten geweckt werden. Annegret zog mich hoch, ging mit mir aus dem Lichtschein des nur noch glimmenden Feuers heraus, umarmte und küsste mich noch einmal voller Leidenschaft auf den Mund. „*Tomorrow*?" fragte sie noch, ich nickte und damit waren wir für den nächsten Tag verabredet.

Ich taumelte über die Wiese zu meinem Zelt, es war bereits lange nach Mitternacht, also der 13. August. Ich legte mich in mein Zelt, konnte nicht schlafen, war selig, glaubte die Liebe kennengelernt und genossen zu haben.

Am Morgen ging ich schon früh hinaus, schaute aufs Wasser und sah dann meinen Bruder vom Auto kommen. Dieser hatte die 7 Uhr Nachrichten im Nordwestdeutschen Rundfunk gehört und rief mich, damit ich auch hören solle, was in Berlin passiert sei. Ich ging mit zum Auto, aus dem Röhrenradio verfolgten wir eine Sondersendung aus der Vier-Sektoren-Stadt. Ich erfuhr, dass die Regierung der „Ostzone" wie man damals sagte, mitten in Berlin eine Mauer hochziehen würde, bewacht von Soldaten, Volkspolizei und sowjetischen Panzern. Bundeskanzler Adenauer hätte Kontakt zum amerikanischen Präsidenten Kennedy aufgenommen, es fielen Sätze wie *„niemand hat das Recht in Berlin eine Mauer zu errichten"*. Meine Familie und die Freunde diskutierten die Situation, meine Mutter sagte immer wieder: *„Wenn es bloß keinen Krieg* *gibt!"* Von nun an traf man sich zu jeder vollen Stunde am Autoradio, die Meldungen überschlugen sich. Willy Brandt, der damalige Regierende Bürgermeister von Berlin, lud zu einer Versammlung der Bürger vor dem Schöneberger Rathaus, es lauschten am selben Tag mehr als eine Million Menschen dieser Rede, Kennedy gab Sympathieerklärungen für die Berliner heraus, Chruschtschow betonte aus Moskau die Rechtmäßigkeit dieses Mauerbaus.

Ich war weit mehr politisch interessiert als die meisten Jungen in meinem Alter, und ich war von den Ereignissen betroffen und tief berührt. Ich hatte wirklich Angst vor einem Weltkrieg, ich kannte die Viermächteregelung für Berlin, ich verfolgte eifrig die politischen Seiten der Tageszeitung und die Nachrichten- und Kommentarsendungen im Rundfunk. Aber meine Gedanken schweiften immer wieder ab. Das unglaubliche Erlebnis der vergangenen Nacht, der erste richtige Kuss, den ich mit einem Mädchen ausgetauscht hatte, das Gefühl, gemocht zu werden – diese Gefühle kollidierten mit dem Gefühl der Angst vor dem Krieg, von dem ich nur schreckliche Dinge gehört hatte.

Aber auf dem Platz liefen die Mädchen herum, standen am Wasser, sangen, viele von ihnen trugen Badeanzüge, so dass ich die schlanken, gut gebauten Körper bewundern konnte.

Ein Mädchen, Siw, die ursprünglich hatte Wache halten sollen, ging mir aus dem Weg, wendetet seinen Blick ab, wenn sie mich sah, sie wird von den anderen gehört haben, was am Feuer passiert sei, vermutete ich und hatte ein schlechtes Gewissen.

Mein Blick suchte Annegret, und sie kam langsam die Wiese von ihrem Lager herunter. Sie trug einen rot-weiß gestreiften Badeanzug, darüber eine graue Strickjacke, sie traf meinen Blick, aber so, dass die anderen es nicht wahrnahmen.

Ich stieg in das kleine Ruderboot, das meine Familie benutzen durfte und fuhr in Richtung Wald. Annegret stand am Ufer, und ich bedeutete ihr mit einem Blick und einer Handbewegung, dass ich am Ufer entlang zum Wald rudern wollte. Nach einigen Minuten löste sie sich aus ihrer Gruppe und ging am Ufer ebenfalls langsam zum Wald entlang des Ufers. Nach einer kleinen Biegung wenige Hundert Meter weiter legte ich an und zog das Boot auf den Strand, so, dass es von der Wiese nicht einsehbar war. Annegret tauchte wenig später zwischen den Bäumen auf, sie ging langsam, wie eine Dame und lächelte mich erwartungsvoll an. Sie berührte mich, kam mit ihrem Körper ganz dicht an mich heran, dann fassten wir uns an den Händen und gingen einige Meter das ansteigende Ufer hoch, um uns dort im Gras niederzulassen. Sie saß links von mir, wir umarmten uns, bereitwillig schmiegte sie sich an mich, und wir begannen uns intensiven Küssen hinzugeben. Die Nachmittagssonne schien ihr letztes Licht auf diesen Platz und spiegelte es auf dem Wasser, in ihrem dunklen, leicht rötlichen Haar und in ihren Augen, wenn sie sie bei den Kusspausen öffnete und mich liebevoll anschaute. Als ich ihre Schultern berühren wollte und meine Hand unter die graue Strickjacke glitt, streifte sie diese ab und legte sie ins Gras. Ich berührte ihre Schultern, wagte es ihre Brüste durch den Badeanzug zu ertasten, küsste ihren Hals, als sie sich ein wenig von mir löste, um die Träger ihres rot-weiß gestreiften Badeanzuges von ihren Schultern zu streifen. Ich vibrierte vor Aufregung, mein Herz klopfte, als sie mich ermunterte, sie mit Händen und Lippen zu berühren. Ihren Kopf reckte sie nach oben, um Raum zu schaffen für meine Küsse an ihrem Hals und der Unterseite ihres Kinns. Mir war schwindlig, ich wusste nicht, was mit mir vorging, und als sie mich intensiver berührte, wurde ich fast wahnsinnig. Aber sie beließ es dabei, meinen Körper durch den Baumwollstoff meiner Turnhose zu ertasten.

Wie auch ich schien sie unsicher zu werden, wie sich alles weiter entwickeln sollte, sie zog die Träger ihres Badeanzugs wieder hoch und ihre Strickjacke an, wir standen beide auf, küssten uns noch einmal und gingen auseinander, ich zum Ruderboot, Annegret entlang dem Fördeufer zur Wiese, wo die anderen sie wohl schon vermissten.

Ich zog das Boot ins Wasser, dann ließ ich mich treiben. Mein Kopf konnte das Erlebte noch nicht realisieren, aber es schien für mich das Schönste, das ich je erlebt hatte, etwas, das mich näher dazu gebracht hatte, mich nicht mehr als Kind zu fühlen. Wir hatten kaum gesprochen, Annegret konnte kein Deutsch, und das Englisch, das man zu jener Zeit in Deutschland und Dänemark lernte, war nicht praxisorientiert, jedenfalls nicht für Verliebte. Das Einzige, worüber wir noch sprachen, bevor wir auseinander gingen, war, dass wir Adressen austauschen müssten.

Langsam näherte ich mich mit dem Ruderboot wieder der Wiese, mein Bruder empfing mich mit dem Zuruf, dass unsere Mutter mich schon lange gesucht hätte. Ich solle schnell zum Familienzelt hochkommen.

Als wir oben waren, sagte meine Mutter beiläufig, sie fände es zu gefährlich, wenn ich alleine unten am Wasser zelten würde. Ich solle oben in dem großen Familienzelt in der Kabine bei meinem Bruder schlafen. Ich wurde traurig und wütend. Hatte sie etwas geahnt? Aber auch ich hatte Angst vor dem Unbekannten, das in der Nacht passieren könnte.

Die anderen hatten immer wieder Nachrichten gehört. Präsident Kennedy hatte über die Interzonenstraße durch die „Sowjetisch besetzte Zone" zusätzliche amerikanische Truppen in Bewegung setzen lassen, es war eine symbolische Geste, die aber das Gefühl gab, dass Amerika Berlin nicht in Stich lässt. Willy Brandt hielt gerade eine eindrucksvolle Rede vor dem Schöneberger Rathaus, Bundeskanzler Adenauer war von Bonn nach Berlin geflogen und stand an Brandts Seite, trotz der Zugehörigkeit zu verschiedenen politischen Lagern. Aber meine Gedanken waren woanders. Aber sich der Anweisung meiner strengen Mutter zu widersetzen war sinnlos.

Am Abend schlich ich wieder zum Wasser, hatte auf einem Zettel meine Adresse geschrieben, ich bat ein Mädchen, diesen Annegret zu geben. Wenig später kam Annegret ebenfalls mit einem Zettel herunter, mit ihrer Adresse und den Worten *„Djai elske dai"*. Ich hatte schon von Jens einige Tage zuvor erfahren, dass diese drei Worte auf Dänisch für *„Ich liebe dich"* stehen.

Und sie sagte, die Betreuerin sei böse mit ihr, sie hätte etwas von den anderen Mädchen erfahren, keiner dürfe am Abend das Lager verlassen, und Nachtwache würden die Betreuer halten. Am nächsten Morgen würde schon um 9 Uhr ihr Bus kommen.

Ich lag an diesem Abend neben meinem Bruder auf meiner Luftmatratze. Ich konnte nicht schlafen, meine Gedanken kreisten um Berlin, wurden wieder überlagert von dem Gefühl der Freude und Lust, die mir die letzten beiden Tage beschert hatten. Mit meinem Bruder sprach ich nur über Berlin, über die Angst vor einem Krieg, das Thema Liebe klammerten wir aus.

Am nächsten Morgen stand der Bus an der Zufahrt zur Wiese, die Mädchen luden ihr Gepäck ein und warteten vor der Eingangstür. Ich stand in einiger Entfernung und winkte zu Annegret, als sie in den Bus stieg. Sie saß in der Mitte an einem Fensterplatz. Ich sah ihren traurigen Blick, als sie mich erblickte, warf sie mir einen Luftkuss zu. Dann fuhr der Bus ab.

Auch meine Sommerferien waren bald zu Ende, auf mich wartete die Schule, ich wartete auf Briefe von Annegret. Und immer wieder dachte ich an diese sowohl für mich persönlich als auch für die Weltpolitik geschichtsträchtigen Tage.

13. August 2011, genau 50 Jahre nach dem Mauerbau

17. Februar 1962 – Sturmflut

Diesen Text habe ich im Dezember 2011 während eines Langzeitaufenthaltes in Kalifornien aufgeschrieben. Es näherte sich der 50. Jahrestag der schweren Sturmflut in Hamburg, und auf meinem Heimatsender NDR 90,3 hörte ich über Internet die Meldung, dass man Zeitzeugen zu diesem Ereignis suche. Ich setzte mich sogleich hin und schrieb meine Erinnerungen nieder.

Heute bin ich fast 65 Jahre, seit mehreren Monaten Rentner, lebe zurzeit in San Francisco, höre über das Internetradio NDR 90,3 gerade eine Sturmflutwarnung für die deutsche Nordseeküste… Ich bin in den letzten Jahren selten in meiner Heimatstadt Hamburg gewesen, aber immer wieder, wenn ich dort bin und über die Süderelbbrücke mit dem Zug oder der S-Bahn fahre, kommen mir die Bilder von Februar 1962 wieder in den Kopf…

Es ist Freitag, der 16. Februar 1962. Ich bin Schüler der 9. Klasse des Friedrich-Ebert-Gymnasiums in Harburg. Unsere Klasse hat keinen Unterricht, stattdessen fahren wir zu einer Schulaufführung ins Schauspielhaus nach Hamburg, mit den grauen Personenzügen, denn eine S-Bahn gibt es noch nicht. Als wir die Süderelbbrücke überqueren, sehen wir, dass die Pionierinsel, auf der ich und einige meiner Mitschüler im Sommer rudern, überschwemmt ist, am Wilhelmsburger Ufer ist der sonst weiße Strand überflutet, das Wasser geht hoch bis unter die Deichkrone. *„Wenn man von der Eisenbahnbrücke springt, ist das ja so wie vom 1 Meter Brett!"* stellt mein Klassenkamerad Hans Georg fest, und wir fragen uns, ob die Elbe noch höher steigen kann. *„Es soll eine Sturmflut geben"* weiß Rolf, der aus Moorburg stammt, *„mein Vater, der bei der Freiwilligen Feuerwehr ist, kriegte heute Morgen Bescheid, dass sie in Alarmbereitschaft versetzt worden sind"*. Auch an der Norderelbbrücke steht das Wasser kurz unter der Brücke, keiner von uns, auch nicht unser Lehrer Herr Kenkel, hatte bisher einen solchen hohen Wasserstand gesehen.

Nach der Theateraufführung, es soll jetzt Niedrigwasser sein, sehen wir auf der Rückfahrt nach Harburg, dass das Wasser nur unwesentlich zurückgegangen ist, noch immer ist es viel höher als bei normalem Hochwasser.

Zu Hause hat meine Mutter unser Mittelwellenradio an, sie hört den NDR. *„Es gibt eine schwere Sturmflut, sagen sie im Radio"* informiert sie uns Kinder, und wir hören das Heulen des Windes und sehen wie sich die Kronen und Äste der Bäume im Sturm nicht nur wiegen, sondern vor allem biegen.

Die Warnungen im Radio werden immer häufiger wiederholt. Ich gehe am frühen Abend noch zum Training in die Turnhalle, mit dem Fahrrad geht es nicht mehr, ich nehme den Bus, es sind kaum Turner da, zurück fahre ich mit meinem Turnlehrer in seinem roten VW, der fast den gleichen Weg hat. Die letzten Meter werde ich vom Sturm fast vor die Haustür geweht. Meine Mutter sitzt vor dem Radio und bügelt. Es wird immer schlimmer, es sollen schon Deiche gebrochen sein, in Neuenfelde, weiß sie. Der Zugverkehr über die Elbbrücken sei eingestellt, die Autobahn und die Reichsstraße gesperrt, erfahren wir aus dem Radio. Auf einmal geht das Licht, das Radio und auch das Bügeleisen aus, meine Mutter steckt eine Kerze an und geht zum Sicherungskasten, aber alle Sicherungen sind intakt, bei keiner ist der farbige Punkt rausgesprungen, was normalerweise bei Überlastung passiert. Auch das Telefon ist tot.

In der Dunkelheit ohne das Radio hören wir die Geräusche des Sturms. *„Wenn wir jetzt ein Kofferradio hätten"*…sagt mein Bruder, der sich so was immer gewünscht hat - aber er hat eine Idee. In der Garage steht unser neuer Ford Taunus 17 m de Luxe mit Weißwandreifen, der natürlich auch ein Radio hat. Das Auto wird zwar nur von meinem Vater gefahren, aber der schippert als Kapitän gerade im Golf von Mexiko herum, weit entfernt von dem Island-Tief, das den Orkan ausgelöst hat. Aber mein Bruder holt den Schlüssel und setzt sich in den Wagen, ich folge ihm. Im Radio geht es nur noch um die Sturmflut. *„Orkan Stärke 12"* hören wir, Deichbrüche in Francop und Neuenfelde, das Wasser drücke in die Süderelbe, die Deiche in Moorburg und Harburg könnten nicht mehr gehalten werden, die Deiche, die Wilhelmsburg umschließen, drohten ebenfalls zu brechen. Überall ist die Feuerwehr im Einsatz, die Männer des Technischen Hilfswerks werden aufgerufen, zu ihren Leitstellen zu kommen. Irgendwann ruft uns unsere Mutter wieder rein, auch unsere Großeltern, die nebenan wohnen, sind bei uns. Wir sitzen bei Kerzenschein um den Küchentisch, und es wird langsam kalt. Unsere neue Ölheizung braucht Strom, um den Brenner zu betreiben, aber den gibt es nicht mehr. Meine Mutter hat eine Idee: das Gas geht noch, also zündet sie alle vier Flammen des Kochfeldes sowie die des Backofens an, das gibt uns ein wenig mehr Licht und vor allem wohlige Wärme. Irgendwann legen wir uns im Wohnzimmer auf die Sofas, unsere Großeltern kämpfen sich durch den Orkan ins Nachbarhaus, Wir schlafen, aber nicht lange. Als es hell wird, hören wir statt des Sturms (der hatte sich ein wenig gelegt) ein Knattern in der Luft. Als wir rausschauen, sehen wir Hubschrauber tief über unser Haus fliegen und auf dem gegenüberliegenden Sportplatz der Scharnhorstkaserne landen. Dieses Geräusch begleitet uns die nächsten Tage ununterbrochen. Es ist Samstag. Wir hatten schon am Abend im Autoradio gehört, dass überall in Hamburg an den Schulen der Unterricht ausfallen würde. Das macht uns natürlich froh, andererseits wollen wir wissen, was jetzt wirklich passiert ist. Nachbarsjungen kommen raus auf die Straße. *„Das Wasser steht am Unterelbebahnhof, die Deiche in Harburg sind gebrochen, Neuland ist überflutet, ebenso ganz Wilhelmsburg!"* wissen Nachbarn zu berichten, die wohl die ganze Nacht ein Kofferradio hatten laufen lassen. Irgendwann ruft meine Mutter: *„Der Strom ist wieder da!"*. Wir rennen wieder rein, setzen uns vor das Radio und hören das Ausmaß der Katastrophe. Besonders in Wilhelmsburg sind viele Tausend Menschen vom Wasser eingeschlossen, die meisten seien vom Wasser überrascht worden, hören wir, etliche ertrunken, viele Hundert Stück Vieh in den ländlichen Gegenden verendet. Das Militär, englische, holländische und deutsche Soldaten, seien seit der Nacht im Einsatz, um die Eingeschlossenen zu retten, mit Schlauchbooten und vor allem auch mit Hubschraubern, deshalb seit dem frühen Morgen das Knattern der Motoren beim Landen und Starten auf dem Kasernengelände. Ich bin neugierig, will mit meinem Fahrrad zur Buxtehuder Straße fahren, bis zu der das Wasser stehen soll. Meine Mutter will mich abhalten, ich tue es trotzdem, fahre zum Schwarzenberg, von dem man das Gebiet jenseits der Gleise zum Harburger Hafen übersehen kann. Ich kann es kaum fassen: es ist eine einzige Wasserwüste, die Gleise am Unterelbebahnhof, die parallel zur Buxtehuder Straße verlaufen, sind tatsächlich überflutet.

Im Radio wird mittlerweile zur Hilfe aufgefordert, Decken, warme Kleidung sollen an Sammelstellen abgegeben werden. Eine der Sammelstellen ist meine Schule, das Friedrich-Ebert-Gymnasium. Meine Mutter packt eine Tasche mit Kleidung, ich biete mich an, es dorthin zu bringen, Autos vom Roten Kreuz und THW stehen bereits dort, in der Turnhalle der Schule sind Strohlager aufgeschüttet, auf denen viele Menschen, die vor allem aus Wilhelmsburg gerettet worden sind, ein erstes warmes Quartier gefunden haben. Aber immer mehr Menschen, die oft nichts außer ihren nassen Schlafanzügen anhaben, kommen, werden ärztlich und mit einer heißen Suppe versorgt, und ihnen werden Strohlager, die jetzt auch in den Klassenräumen aufgeschlagen werden, zugewiesen, auf denen sie mit Rotkreuzdecken zugedeckt erstmal schlafen können.

Auch Lehrer unserer Schule sind dort, helfen bei der Organisation und sagen, dass es wohl die nächsten Wochen keinen Unterricht geben werde. Und hier höre ich auch, dass der Vater meines Klassenkameraden Rolf aus Moorburg, der bei der Feuerwehr und beim DRK im Einsatz war, in dieser Nacht ums Leben gekommen ist. Später erfahre ich im Radio von über hundert Toten, wie sich nach einer Woche herausstellt, eine viel zu niedrige Zahl, tatsächlich sollen es 317 gewesen sein.

Wir alle sind getroffen von dem Ausmaß der Verwüstung, die die Sturmflut hinterlassen hat. Am Montag melde ich mich in meiner Schule als Helfer. Wir werden dazu aufgefordert, viele kommen. Wir teilen Decken aus, helfen Älteren beim Weg zum Klo, verteilen Essen und leisten Hilfe beim Umräumen der Lager. Waren zuerst einfach alle in einen Raum gekommen, versuchen die Mitarbeiter des Roten Kreuzes, sie nach Familien, Nachbarschaften, Alter und zum Teil nach Geschlecht umzulegen. Natürlich sind die meisten nicht bettlägerig, sondern helfen selbst mit, das Leben so erträglich wie möglich zu machen, unter anderem auch ein 16-jähriges Mädchen mit einem braunen Pferdeschwanz aus Wilhelmsburg, das fröhlich Essen austeilt und vor allem älteren Menschen Trost zuspricht, mit kleineren Kindern spielt und sie aufmuntert. Irgendwann finden wir uns in den nächsten Tagen immer wieder, nein, wir suchen uns wohl auch. Wenn ich morgens komme, schaue ich nach ihrem roten Pullover, ihrem Pferdeschwanz und versuche ihr fröhliches Lachen wahrzunehmen. Sie hieße Marion, sagt sie mir, sei Lehrling bei einer Bank im ersten Jahr und sie käme aus Kirchdorf, das völlig überflutet sei, sie und ihre Familie seien mit einem Schlauchboot am Morgen nach der Sturmflutnacht gerettet worden, aber sie wüssten nicht, ob sie jemals wieder in ihr Haus zurückkehren könnten. Ich bleibe immer länger als ich es soll, nicht nur weil ich helfen, sondern vor allem, weil ich in der Nähe von Marion sein will. Irgendwann nach einigen Tagen suchen wir dunkle Ecken auf dem Schulflur, gegenseitige Nähe und Berührungen, und irgendwann küssen wir uns, zärtlich und heftig, und das in meiner strengen Jungenschule. Ich wirke verstört und gleichzeitig glücklich, wenn ich nach Hause komme, meine Mutter versteht nicht, was ich in der Schule solange tue, es seien doch genug Helfer dort.

Aber als ich am Tag 6 nach der Flut wieder in die Schule komme und Marion suche, kann ich sie nicht mehr finden. Sie hätten wie viele andere Familien Notunterkünfte gefunden, sagt man mir auf mein Nachfragen, und ich kenne nur ihren Vornamen. Mich nach ihrem Nachnamen zu erkundigen und wohin sie und ihre Familien gekommen seien, traue ich mich nicht. Immer mehr Menschen kommen die nächsten Tage aus dem „Notaufnahmelager“ Schule heraus in menschenwürdigere Quartiere. Helfer werden immer weniger gebraucht, und mein

Enthusiasmus ist ohne Marion gebrochen. Nach zwei Wochen ist die Schule bis auf wenige Räume wieder frei, so dass auch der Schulalltag wieder beginnen kann.

Was bleibt, ist die Erinnerung an die Katastrophe und der Respekt vor der Natur, aber auch die Erinnerung an Marion, die mich erröten und mein Herz wie die Wellen einer Sturmflut hat höher schlagen lassen...

Es ist der Morgen des 9. Dezember 2011 in Deutschland, hier in Kalifornien ist es kurz nach Mitternacht. Im Internetradio wird auf NDR 90, 3 mitgeteilt, dass Hamburg von der Sturmflut der letzten Nacht verschont worden sei, vor allem auf Sylt habe der Orkan Schäden angerichtet.

Oktober 1962 – Die Kubakrise

Angst und Erschrecken setzten mir im Herbst 1962 zu. Ich war schon 15 Jahre alt, am Ende meiner Pubertät, und ich versuchte mehr und mehr Selbstständigkeit zu gewinnen. Ich wollte leben… Doch plötzlich hing über uns wieder das Damoklesschwert eines Atomkrieges, und ich wusste, dass – sollte es zum Ausbruch einer Auseinandersetzung wegen der von Kuba auf Nordamerika gerichteten Raketen kommen – auch unser beschauliches Leben in Gefahr war.

Die Karibikinsel Kuba war mir ungefähr seit 1952 vertraut, denn mein Vater fuhr als Kapitän eines Handelsschiffes auf den Weltmeeren, und eines seiner regelmäßigen Ziele war die Inselrepublik Kuba, die er über viele Jahre lang auf dem Weg nach Mexiko alle zwei Monate anlief. So waren mir Städte wie Havanna und Santiago aus seinen Erzählungen nicht fremd. 1957 – ich war 10 Jahre alt - nahm mich mein Vater für viele Monate mit auf sein Schiff, er hatte mich von der Schule befreien lassen und übernahm mit seinem 1. Offizier und dem Leitenden Ingenieur meinen Unterricht.

Während dieser Reise, die uns auch nach Kuba führte, sah ich mit eigenen Augen, dass es auf dort politische Probleme gab: In Santiago de Cuba, einem unserer Häfen, gab es abends eine Ausgangssperre, überall traf man auf Barrikaden, ich sah bewaffnete Soldaten hinter Sandsackwällen, und aus kleinen Zwischenräumen schauten ihre Gewehrläufe heraus.

„Da sind Rebellen in den Bergen, die wollen den Präsidenten stürzen und die Macht übernehmen", erklärte mir mein Vater. *„Recht haben sie ja"*, fügte er hinzu, *„der Batista ist ein ziemlicher Ganove"*, und Batista hieß der damalige diktatorisch regierende Präsident Kubas. Ende 1958 klappte es im zweiten Anlauf: Fidel Castro und seine Leute aus den Bergen jagten Batista vom Hof und krempelten das Land um. Sie enteigneten die Reichen, verteilten den Besitz der Großgrundbesitzer an die Armen und wollten ein System schaffen, in dem alle Menschen gleiche Chancen

hatten. „*Sie sind Sozialisten*", erklärte mein Vater mir später, „*sie wollen so einen Staat wie in der Ostzone und in Russland schaffen, aber das gefällt den Amis nicht*".

Die Amerikaner waren tatsächlich nicht sehr zufrieden mit dem Umsturz, denn sie hatten die ganzen Jahre als wichtigster Wirtschaftspartner Kubas den größten Teil der Gewinne abgeschöpft, man kann auch sagen, dass sie das Land und den größten Teil der Bevölkerung ausgebeutet hatten. Diese Gelder blieben jetzt aus, und deshalb verhängte die amerikanische Regierung strenge Wirtschaftssanktionen gegen die Insel. Auch mein Vater konnte nur bis 1960 mit seinem Schiff nach Kuba fahren, da Amerika Verbündete wie Deutschland unter Druck gesetzt hatte, ebenfalls die Wirtschaftsbeziehungen mit der Karibikinsel abzubrechen.

Fidel Castro bot sich und sein Land als neuer Partner der Sowjetunion an. Die war zwar weit weg, aber die Moskauer Politiker fanden es ganz toll, nur wenige Hundert Kilometer vor der amerikanischen Küste einen neuen Freund gefunden zu haben, auf dessen Boden man Stützpunkte errichten konnte.

Es war die Zeit des „Kalten Krieges" und des atomaren Wettrüstens zwischen den Nato-Ländern und den Ostblockstaaten. Immer mehr Russen kamen auf die Insel, darunter viele Soldaten und Geheimdienstmitarbeiter des KGB. Die amerikanische Regierung unter John F. Kennedy, der 1961 Eisenhower als Präsident ablöste, empfand dies als massive Bedrohung.

1961 versuchten einige Tausend in den USA lebende Exilkubaner, von Florida aus die Insel zu erobern. Sie glaubten, dass die bäuerliche Bevölkerung begeistert auf ihre Seite wechseln würde, das Gegenteil war jedoch der Fall. Die „Invasion in der Schweinebucht" scheiterte kläglich und blamierte die USA, denn dieses Unternehmen fand mit Billigung und Unterstützung des Geheimdienstes CIA statt.

Die USA führten zu dieser Zeit regelmäßig Aufklärungsflüge über die nahe Insel durch. Im Oktober 1962 stellten sie mit Luftaufnahmen fest, dass auf der Insel sowjetische Soldaten Abschussrampen für Mittelstreckenraketen, die mit Atomsprengköpfen bestückt werden konnten, installierten.

Diese Bilder, die auch in unserer Hausgazette, dem Hamburger Abendblatt gezeigt wurden, setzten die Welt und auch mich in Aufruhr, Angst und Erschrecken: Es war nach dem Ungarn-Aufstand, der Suez-Kanal-Krise und dem Bau der Berliner Mauer 1961 das vierte Mal, dass man auch in unserem Land eine massive Kriegsgefahr sah. Als Antwort auf die Raketen drohte Präsident Kennedy den Sowjets unmissverständlich mit einem Atomschlag, wenn die Raketenbasen nicht sofort abgebaut würden. Der sowjetische Ministerpräsident und 1. Generalsekretär der KPDSU Chruschtschow hielt zwar verbal dagegen, es fanden jedoch Geheimverhandlungen zwischen den USA und der Sowjetunion statt. Inzwischen hatten die USA eine totale Seeblockade Kubas vorgenommen.

Abends kurz vor 8 lief ich in diesen Herbsttagen des Jahres 1962 zu meinem Großvater hinüber, er war bereits Besitzer eines Fernsehgerätes. Dort konnte ich in der Tagesschau die täglich neuen Bilder von den Raketenbasen und den mit sowjetischen Raketen beladenen Schiffen sehen und so selbst die Bedrohung der sogenannten „Freien Welt" erkennen.

Die Geheimverhandlungen schienen erfolgreich: Nach einigen Tagen drehten die Schiffe wieder ab. Chruschtschow ließ seine Unterhändler jedoch, wie sich erst später herausstellte, eine Bedingung für den Rückzug stellen: Wenn die Sowjetunion ihre Raketen aus Kuba abziehen würde, müssten die Amerikaner auch ihre mit Atomsprengköpfen bestückten Mittelstreckenraketen in der Türkei demontieren. Darauf ließ sich die amerikanische Verhandlungsdelegation unter Führung des Bruders des Präsidenten, Justizminister Robert Kennedy, ein. Sie verlangten aber, dass diese Abmachung von den Sowjets nicht öffentlich gemacht werden dürfe, sonst hätte es einen Atomschlag der Amerikaner zur Folge. Man wollte damit nicht die NATO-Partner, die sich in

Europa durch die auf die Sowjetunion gerichteten Raketensysteme geschützt fühlten, brüskieren.

Amerikaner und Sowjets hielten sich an die Abmachungen, die Gefahr eines Atomkrieges war gebannt. Als Folge wurde ein „Rotes Telefon", eine direkte Verbindung zwischen dem amerikanischen Präsidenten und dem sowjetischen KP-Chef, installiert. So sollten aufkommende Konflikte zwischen den beiden mächtigsten Männern dieser Zeit unverzüglich besprochen werden.

In den Tagen zwischen dem 14. Und 20. Oktober 1962 hielt die Welt den Atem an. Ich auch, und mir lief mehrfach ein Schauder über Rücken und machte mir eine Gänsehaut. Ich hatte Angst vor dem Krieg, ich wollte leben, ebenso ging es meiner Mutter, meinem Opa, meinen Freunden im Turnverein und meinen Mitschülern. Selbst einigen unserer Lehrer ging es so, sie wichen von ihrem Lehrplan ab und thematisierten im Unterricht diese Bedrohung. Die meisten von ihnen waren im 2. Weltkrieg Soldat gewesen, hatten Verwandte, Freunde und Kameraden verloren, manche auch „nur" Körperteile. Wir verspürten in dieser Woche alle Angst und waren glücklich und erleichtert, als die Geheimdiplomatie zwischen den beiden Atommächten zum Erfolg und damit zur Entspannung geführt hatte.

Wieder einmal waren wir davongekommen, wohl auch, weil die Mächtigen dieser Tage zur Vernunft gekommen waren!

22.11.1963 – Die Ermordung
von John F. Kennedy

Wohl kaum ein Ereignis hat sich bei mir so eingebrannt wie jenes an diesem Abend – obwohl es damals in Dallas/Texas noch Mittag war. Ich spüre noch heute, nach fast 60 Jahren, den Schauer, der mir über den Rücken lief, die Gänsehaut, die mich am ganzen Körper frösteln ließ, die Tränen, die auf einmal aus meinen Augen flossen, das nicht fassen können dieser Nachricht...

Der 22. November war ein regnerischer, kühler Tag gewesen, als ich abends gegen halb sieben mit dem Fahrrad zum Turntraining in die Halle meiner Schule, dem heutigen Friedrich-Ebert-Gymnasium, fuhr. Freitags war für mich immer unser schönster Übungstag, denn ich ging mit den Älteren nach dem Training oft auf ein Alsterwasser in die Sportplatzkneipe von Hugo Trappiel, schräg gegenüber der Schule. Wir waren schon über eine Stunde am Warmmachen, hatten das Spannreck aufgebaut und bereiteten uns mit einigen lockeren Riesenfelgen für den in wenigen Wochen stattfindenden nächsten Wettkampf vor, als unser Turnbruder Wolfgang gegen 20.30 Uhr die Halle betrat, da er auf seiner Arbeit erst spät Feierabend machen konnte.

Wir erlaubten uns wegen seiner Verspätung einige lustige Bemerkungen, aber er reagierte nicht darauf, sondern rief uns zu sich. Sein Gesichtsausdruck war verstört, wir spürten sofort, dass etwas geschehen sein musste. *„Es ist eben in den Nachrichten durchgekommen"* sagte er mit brüchiger Stimme, *„auf Kennedy ist heute Abend ein Attentat verübt worden"*. Wir schauten uns an, konnten nicht fassen, was er gesagt hatte, bis Horst, unser Turnlehrer das Schweigen brach. *„Ist er tot?"* fragte er den Überbringer der Nachricht. *„Darüber hat man nichts gesagt, es war in Dallas in Texas, er soll in ein Krankenhaus eingeliefert worden sein"* ergänzte Wolfgang, *„auf ihn soll geschossen worden sein, als er mit seiner Frau vom Flughafen in einem offenen Wagen in die Stadt fuhr, und eine zweite Person, die mit im Wagen saß, soll auch getroffen sein, angeblich der Gouverneur von*

Texas. Aber mehr ist mir auch nicht bekannt, die Nachrichtenagenturen wussten wohl auch nicht viel mehr, es ist ja noch nicht mal eine Stunde her."

Wolfgang hatte keine Lust sich umzuziehen, und wir standen alle lustlos um das Reck herum. *„Dann lasst uns abbauen, Jungs"*, sagte unser Turnlehrer Horst, *„wir können noch bei Hugo Trappiel darüber reden."*

20 Minuten später waren wir bei ihm in der Kneipe. Er und die wenigen dort sitzenden Gäste wussten Bescheid, das Radio lief mit einer Sondersendung über das Attentat. *„Eben ist durchgegeben worden, dass Kennedy tot ist"*, sagte Hugo, genauso betroffen wie wir. *„Er soll an einem Kopfschuss gestorben sein"*, setzte er fort.

Ich merkte, wie mir die Tränen in die Augen schossen. *„Das kann doch nicht sein"*, sagte ich, ohne jemanden direkt anzusprechen, *„er war doch unsere große Hoffnung!"*

Lustlos nippten wir an unserem Alsterwasser oder Bier, redeten über seine Wahl und seinen Sieg über den Republikaner Nixon drei Jahre zuvor, über die Kraft, die er uns mit seinen Worten gab, als 1961 die Mauer gebaut wurde, erinnerten uns an das das zehn Tage über uns schwebende Damoklesschwert eines Atomkrieges während der Kubakrise vor etwas mehr als einem Jahr, als Jack Kennedy, wie viele ihn liebevoll nannten, durch konsequente Härte, entsprechendes Auftreten und parallel laufende Geheimverhandlungen diese Gefahr von uns abwendete, an den Besuch am vergangenen 26. Juni in Berlin, als er mit seiner Rede vor dem Schöneberger Rathaus nicht nur den zwei Millionen Anwesenden, sondern einer ganzen Stadt, einem ganzen Land, der ganzen freien Welt mit dem Satz *„Ich bin ein Berliner"* Mut machte und die Hoffnung auf eine friedlichere Welt nicht sterben ließ.

Aus dem lauter gestellten Radio hörten wir weitere Informationen: seine neben ihm sitzende Frau Jackie sei unverletzt, aber der Gouverneur von Texas, Connolly, sei ebenfalls von Schüssen getroffen und schwerverletzt ins Krankenhaus eingeliefert worden.

Gedankenverloren radelte ich nach Hause in die Triftstraße. Bei uns war noch Licht, mein Opa war zu meiner Mutter rübergekommen. Er sah betroffen und mitgenommen aus, er hatte die Information über Kennedys Tod aus der Tagesschau und aus dem anschließenden Sonderbericht. *„Es gibt nur Fotos in diesem Bericht"*, sagte mein Opa, denn Filme konnte man aus technischen Gründen noch nicht zeitgleich über den Atlantik spielen, es mussten Filmkopien mit dem Flugzeug nach Europa gebracht werden, von dort konnten diese dann in das europäische Fernsehnetz eingespeist werden.

Auch meine Mutter und mein älterer Bruder, der ebenfalls in unserer Küche saß, waren betroffen. Mama, die fast allen Politikern gegenüber Misstrauen entgegenbrachte, hatte für Kennedy sogar ein bisschen geschwärmt. Aus unserem Küchenradio bekamen wir weitere Informationen. *„Vizepräsident Johnson im Flugzeug kurz vor dem Start nach Washington als neuer Präsident vereidigt"*, hörten wir den Nachrichtensprecher, *„Kennedys Leichnam sowie seine Witwe Jaqueline ebenfalls an Bord des Präsidentenflugzeuges, man wolle seine Leiche in einem Militärkrankenhaus in Washington obduzieren lassen"*. Wieder lief mir ein Schauder über den Rücken. Ich stellte mir die Situation an Bord des Flugzeuges vor.

Ich ging gegen Mitternacht unruhig ins Bett, nach zu wenig Schlaf stand ich am Samstagmorgen auf, um mich für die Schule fertig zu machen.

Als erstes hörte ich die 7 Uhr Nachrichten mit der Meldung, dass ein Tatverdächtiger verhaftet worden sei, Lee Harvey Oswald sei sein Name.

In der Schule gab es keinen anderen Gesprächsgegenstand als Kennedys Ermordung. Wir waren schon 10. Klasse, viele interessierten sich für Politik, betroffen waren alle einschließlich der Lehrer. So wurde an diesem Tag auch über nichts anderes gesprochen, die Lehrer machten in den drei Samstagsstunden auch keine Anstalten, einen normalen Unterricht zu gestalten.

Das ganze Wochenende ging die Diskussion weiter, zu Hause und mit Freunden. Stand hinter diesem Mord eine Verschwörung? Oder war der festgenommene Oswald, über den jetzt in den Nachrichten mitgeteilt wurde, dass er ein Kommunist sei, ein Einzeltäter? Steckte eventuell ein Geheimdienst dahinter, vielleicht der KGB, denn Oswald hätte eine längere Zeit in Russland gelebt, wie in einem der ständigen Nachrichten Up-Dates zu hören war. Oder war sogar FBI und CIA beteiligt?

Inzwischen liefen bewegte Bilder über die Fernsehbildschirme. Am Apparat meines Opas sahen wir in der immer wieder übertragenen Szene, wie Kennedy im Fond des offenen Lincoln Continental beim Winken in die Menge auf einmal zusammensackte.

Am Montag erfuhren wir, dass Oswald, der mutmaßliche Täter, ebenfalls erschossen worden war, von einem Nachtclubbesitzer namens Ruby, angeblich um den Tod des geliebten Präsidenten zu rächen.

Die Nachrichten, vor allem die Spekulationen über die Hintergründe der Tat hielten die nächsten Wochen an. Für mich und meine Freunde stand jedoch fest, dass die Welt ohne John F. Kennedy eine andere sein werde, und ziemlich sicher keine bessere.

27.4.1972 - Misstrauensvotum gegen Willy Brandt

Ein Besuch im Willy-Brandt-Haus in Lübeck im Oktober 2022 erinnerte mich an die aufregenden Stunden des 27.4.1972. Was ich dort in Bildern sah und las, kam mir vor, als sei es gestern gewesen. es machte mir auch noch nach 50 ½ Jahren eine Gänsehaut…

Ich war im April 1972 Student im 4. Semester auf Lehramt an der Universität Hamburg, schon seit über einem Jahr verheiratet, im Nebenberuf Vereinsturnlehrer in einem Hamburger Sportverein, politisch interessiert und Mitglied der SPD. Es war eine wilde Zeit. Der sogenannte Baader-Meinhof-Terror durch die RAF (Rote-Armee-Fraktion), die erste von den Sozialdemokraten geführte Bundesregierung unter dem charismatischen Bundeskanzler Willy Brandt in einer Koalition mit der F.D.P., Umwälzungen in und an der Uni durch die Forderung und Durchsetzung nach mehr Mitbestimmung durch die Studierenden, der Vietnam-Krieg mit vielen Demonstrationen gegen die USA, für mich oft sichtbar auf meinem kurzen Fußweg vom Hamburger Dammtorbahnhof zur Uni vor dem in der Mitte liegenden Amerika-Haus.

In Deutschland stand die Abstimmung über die von der sozialliberalen Koalition ausgehandelten Ostverträge kurz bevor, die unter anderem die völkerrechtliche Anerkennung der Oder-Neiße-Grenze zu Polen beinhaltete und die von der CDU/CSU Opposition unter Führung ihres Fraktionsvorsitzenden Rainer Barzel erbittert bekämpft wurden. Vorausgegangen war am 7.12.1970 der Kniefall von Willy Brandt vor dem Mahnmal für die Opfer des Aufstandes im Warschauer Ghetto, der für die einen - auch für mich - das Eingeständnis deutscher Schuld und die Bitte um Verzeihung bei denjenigen symbolisierte, die unter den Verbrechen des nationalsozialistischen Deutschlands besonders zu leiden hatten, für die anderen aber Feigheit und die Aufgabe von Nationalstolz bedeutete.

Auch die Verleihung des Friedensnobelpreises 1971 gab innerhalb des Parlamentes Anlass zu kontroversen Diskussionen, während im Ausland Brandts Entspannungspolitik ungeteilten Beifall erhielt.

Das deutsche Volk war gespalten, die Diskussionen führten sogar zu Zerwürfnissen in den Familien, am Arbeitsplatz und unter Freunden.

Die sowieso schon schmale Parlamentsmehrheit der Koalition bröckelte, da einige Abgeordnete der SPD und der F.D.P. bereits zur CDU/CSU-Fraktion gewechselt waren.

Am 24.4.1972 wurde der Antrag auf ein Konstruktives Misstrauensvotum vor dem Bundestag eingebracht, die Abstimmung wurde auf den 27.4.1972 gelegt.

Die Menschen in Deutschland waren aufgeregt, viele aufgebracht. Würde es Barzel schaffen, die notwendigen 249 Stimmen zusammenzubekommen, um Bundeskanzler zu werden? Nach den Übertritten der letzten Wochen schien diese Mehrheit sicher, und man erwartete noch weitere Stimmen aus der Koalition.

Dieser Donnerstag war kein Werktag wie andere. Man brachte Fernseh- und Rundfunkgeräte in die Schulen, an die Universitäten und Arbeitsplätze, die meisten Fließbänder standen an diesem Morgen still, in den Kaufhäusern und Rundfunkgeschäften verharrten die Menschen, um die Debatte und abschließende Abstimmung vor den in den Verkaufsräumen stehenden Fernsehgeräten zu verfolgen.

Ich ging an diesem Morgen wie immer ins Institut für Leibesübungen der Uni, wo die Veranstaltungen für mein Sportstudium stattfanden. Doch an diesem Morgen gab es keinen Lehrbetrieb. Dozenten, Studierende, Verwaltungs- und technisches Personal saßen und standen dichtgedrängt in den Seminarräumen und warteten auf die Eröffnung der Bundestagssitzung.

Gegen 10 Uhr tritt der ehemalige Bundeskanzler Kurt-Georg Kiesinger ans Rednerpult, um die Gründe für diesen Schritt der CDU/CSU-

Fraktion zu erläutern. Die Stimmung im überfüllten Seminarraum lässt erkennen, auf welcher Seite die Sympathien der Anwesenden liegen: Gemurmel und lautstarke „*Spinner*"-Rufe bei Kiesingers als fadenscheinig bezeichneten Erklärungen, aufmerksames Schweigen und Beifall bei den Worten der Mitglieder der Regierungskoalition.

Gegen Ende der fast dreistündigen Debatte tritt der Betroffene, Bundeskanzler Willy Brandt ans Rednerpult. Er verteidigt seine Ostpolitik noch einmal vor dem vollbesetzten Plenum des Bundestages und wendet sich dann direkt an die Abgeordneten, die zur CDU/CSU Fraktion gewechselt waren: „*Ich stimme denen zu, die sich dagegen wehren, dass ein Parteiwechsel als etwas Ehrenrühriges betrachtet wird. Aber ich habe meine eigene Meinung dazu, ob man willkürlich Mandate mitnehmen darf.*"

Riesiger Beifall im Seminarraum des IfL, ebenso bei den verbliebenen Abgeordneten der Regierungskoalition, abgewandtes Schweigen bei der Opposition.

Um 12.59 Uhr schließt Bundestagspräsident Kai-Uwe von Hassel die Aussprache und fordert zur namentlichen, aber geheimen Abstimmung auf.

Nicht nur im Plenum des Bundestages herrscht eine äußerst gespannte Stimmung, auch in der Stimme des Parlamentsreporters Ernst-Dieter Lueg spürt man seine Erregtheit. Von den Abgeordneten der Regierung stimmen nur die Kabinettsmitglieder ab, man geht davon aus, dass auf sie Verlass sei, bei den übrigen ist man sich nicht so sicher. Die Abgeordneten der Opposition einschließlich der Überläufer stimmen komplett ab.

Um 13.22 Uhr verkündet von Hassel das Ergebnis:

„*260 Stimmen wurden abgegeben. 247 haben für den Antrag gestimmt. Ich stelle fest, dass der von der Fraktion CDU/CSU vorgeschlagene Abgeordnete Barzel die Stimmen der Mehrheit der Mitglieder nicht erreicht hat.*"

Im Seminarraum bricht tosender Jubel aus, Studierende umarmen Professoren und Dozenten, Hausmeister und Platzwarte Verwaltungsangestellte, das freudige Herz scheint bei einigen Anwesenden aus der Brust zu springen, Gänsehaut lässt mich und andere Anwesende frösteln. Ähnliche Szenen sieht man abends in der Tagesschau von den Straßen und Arbeitsplätzen der Republik. Die Koalition und damit ihre Entspannungspolitik ist gerettet!

Andere Bilder aus dem Parlament flimmern über die Schwarz-Weiß-Bildschirme der Fernsehgeräte.

Die Koalition befindet sich in einem freudigen Taumel, Brandt sackt über dieses unerwartete Ergebnis zunächst ein wenig zusammen, bevor sich Stolz in seiner Miene zeigt und er sich erhebt, um Glückwünsche entgegenzunehmen.

Größe zeigt in diesem Moment der körperlich kleine Rainer Barzel. Er kommt im Moment seiner Niederlage, die wohl das Ende seiner politischen Karriere bedeutet, von seinem Abgeordnetensitz auf die Regierungsbank zu und gratuliert dem Bundeskanzler Willy Brandt, der nach dieser Abstimmung im Amt verbleibt.

Wie sich fast 30 Jahre später erst herausstellte, hatte die Stasi zwei Abgeordnete bestochen, um gegen Barzel zu stimmen. Die dritte Stimme gegen ihn blieb unklar.

Barzel sagte jedoch im Jahre 2006 kurz vor seinem Tod in einem Interview mit dem Spiegel-Redakteur Palmer, er wisse definitiv, dass Franz-Josef Strauß gegen ihn gestimmt habe. Er hätte sich zwar öffentlich und bei ihm persönlich massiv dafür eingesetzt, dass Barzel das Konstruktive Misstrauensvotum mit sich selbst als Kanzleralternative stelle, andererseits wollte er ihn verhindern, um sich selbst die Möglichkeit auf eine eigene Kanzlerschaft nicht zu verbauen.

„Das meine ich nicht nur, sondern das weiß ich genau" sagte Barzel damals. *„Aber wenn Sie das zu meinen Lebzeiten schreiben, werde ich Sie durch alle Instanzen verklagen."*

Bei den Bundestagswahlen am 19.11.1972 wurde Willy Brandts SPD mit großer Mehrheit und der höchsten Wahlbeteiligung in der Geschichte der Bundesrepublik Deutschland gewählt und er selbst als Kanzler einer weiteren sozialliberalen Regierung erneut vom Parlament bestätigt.

Die Ostverträge waren in den folgenden Jahren die Grundlage für Entspannung und mehr Menschlichkeit in Europa.

16. Februar 1974 - Gefesselt vor Karstadt

Es gibt Tage und Ereignisse, die können das Leben verändern und die Zukunft bestimmen, einfach so, ohne Plan, ohne Absicht. So ein Tag war für mich Samstag, der 16. Februar 1974. Ein Tag, der wie jeder andere begann, aber der am frühen Vormittag durch einen Polizeieinsatz, in den ich zufällig hineingeraten war, einen Einfluss auf mein weiteres Leben hatte...und die Erinnerung an dieses Ereignis und seine Folgen lässt mich noch immer, nach fast 49 Jahren, schaudern...

An diesem Tag war ich 27 Jahre und 47 Tage alt, verheiratet und Vater einer Tochter von 66 Tagen. Ich hatte im Sommer zuvor mein Studium als Lehrer beendet und war jetzt Referendar im Studienseminar, Beamter auf Widerruf und damit auch schon Lehrer an einer Schule.

Meine Frau ging nach dem gemeinsamen Frühstück und dem Fertigmachen unseres kleinen Sonnenscheins aus dem Haus, um sich an der Pädagogischen Hochschule in Lüneburg mit anderen auf das Lehrerstudium vorzubereiten, sie wollte am frühen Nachmittag wieder zu Hause sein. Ich musste mich auf eine Hospitation durch meinen Hauptseminarleiter vorbereiten, Thema im Politikunterricht war die bevorstehende Bürgerschaftswahl in Hamburg am 3. März. Um im Klassenraum meiner H 8 anschaulich einen Wahlkampf zu simulieren, hatte ich mir von verschiedenen Parteien Plakate und Flugblätter besorgt, die ich der Klasse aufhängen wollte. Mir fehlte nur noch Material der CDU. Da unsere Kleine versorgt war und fest schlief, wollte ich schnell mit dem Rad zum CDU-Kreisbüro fahren, um das Material zu besorgen. Bei Karstadt in Harburg sollte ich noch Milumil und Pampers-Windeln kaufen, so hatte es mir meine Frau aufgetragen. Ich hatte dafür insgesamt 40 Minuten eingeplant und unserer freundlichen Nachbarin Bescheid gesagt, dass ich kurz wegfahren wollte, gerne wollte sie nach dem Baby schauen, für alle Fälle, und sie hatte ja den Schlüssel für unsere Wohnung.

Es waren keine fünf Minuten zum CDU-Kreisbüro, wo ich gleich die gewünschten Unterlagen erhielt, und dann fuhr ich die wenigen Hundert Meter weiter zu Karstadt, damals dem einzigen richtigen Kaufhaus in Hamburg-Harburg, um die Pampas und die Trockenmilch für das Baby zu holen. Der Eingangsbereich dort schien mir voller als sonst an einem Samstagvormittag zu sein, offensichtlich hatten dort auch Parteien Wahlkampfstände aufgebaut. Ich schloss mein Fahrrad an einem

der relingartigen Absperrrohre an, als auf einmal vier Peterwagen (so nannte man die damals grün-weißen Polizeiautos in Hamburg), aus denen nach meiner Erinnerung insgesamt 12 Polizisten in ihren schwarzen Lederjacken und weiß bemützt stürzten und auf den Platz vor dem Karstadt-Haupteingang zu- rannten.

Ich stand noch dicht bei den Absperrohren an den Parkplätzen, und zwar an einer Stelle, wo ein ungefähr ein Meter breiter Durchgang für die Fußgänger die Hindernisse unterbrach. Ich sah, wie die Polizisten die Tapeziertische eines Parteienstandes umwarfen und auf einige mit einem blauen Troyer (einem Seemannspullover) und einem roten Halstuch bekleideten jungen Männer zustürzten, die allerdings bis auf einen die Flucht ergriffen. Dieser wurde von zwei Beamten in einen Polizeigriff genommen und zu einem der Peterwagen geschleppt, wo man ihn in den Fond des Wagens verbrachte. Die Menschenansammlung vor Karstadt wurde immer größer, bei den meisten der Passanten machte sich Empörung über den Polizeieinsatz breit. *„Notstandsübung"* rief man im Chor, oder auch *„Polizeiterror"*. Auch ich, der wenige Minuten vorher als Passant und potentieller Karstadtkunde gekommen war, spürte die die in mir hochkommende Empörung über das, was sich vor meinen Augen abspielte. Und meine Augen blieben auf das Polizeiauto

48

gerichtet, in das der junge Mann mit brachialer Gewalt geschleift wurde. Dieser stieg nämlich plötzlich auf der anderen Seite des Wagens wieder aus, als die Polizisten gerade das Auto starteten, um ihn wegzufahren! Hatten die lederbejackten doch vergessen, die Verriegelung in Form einer Kindersicherung zu betätigen! Der Fliehende, ein kleiner flinker Mann um die Zwanzig, wieselte durch die Menge, die sich öffnete und ihm spontan den Weg frei machte, bis er den Durchgang zwischen den Absperrungen erreichte, an dem ich stand. Auch ich ging einen Schritt zur Seite, damit er passieren konnte, schloss aber mit meinen breiten Schultern (Freunde nannten mich zu jener Zeit Bullie) wieder den Durchgang. Dem jungen Mann gelang es, den Eingang des Kaufhauses zu erreichen und dort zu verschwinden. Ihm waren die Beamten auf den Sohlen, aber den Durchgang hatte ich geschlossen, und ich hielt mich mit beiden Händen an den Stahlrohren der Absperrung fest. Keine Chance für die Polizisten, den Flüchtigen weiter zu verfolgen, aber man hatte jetzt ja einen anderen Delinquenten…Mehrere starke Hände packten mich von hinten an den Schultern, lösten meinen Griff von den Stahlrohren der Absperrung, drehten meine Arme nach hinten und „*zack!*" schloss sich etwas um meine Handgelenke. Es war eine „*Hamburger Acht*", die perfide Ausführung von Handschellen, um einen Menschen, selbst von meiner Statur, aktionsunfähig machen. Man rang mich zu Boden, nahm mich in den Schwitzkasten, schleppte mich zu einem der Peterwagen und setzte jetzt mich in den Fond, wobei man mit dem Zuschlagen der Tür nicht wartete, bis meine Füße im Wagen waren. Meine Schienenbeine schmerzten noch Wochen später. Neben mir saß zur Bewachung ein Polizist, dann fuhr das Polizeiauto mit quietschenden Reifen, Blaulicht und Martinshorn die wenigen Hundert Meter lange Strecke zum Polizeirevier 72 in der Marienstraße neben dem Harburger Rathaus. Dort führte man mich in einen Nebenraum, nahm mir die Handschellen ab und verschloss die Tür von außen. Ich setzte mich auf meinen Stuhl und es packte mich die Angst: Ich hatte meiner Nachbarin gesagt, ich sei in etwa 40 Minuten wieder zu Hause, meine Gedanken kreisten um unsere kleine Tochter…inzwischen war schon mehr als

1 ½ Stunden vergangen, und ich wollte unbedingt telefonieren! Ich schlug gegen die Tür, und nach kurzer Zeit hörte ich, wie sich ein Schlüssel im Schloss drehte… doch es war nicht meines Klopfens wegen, sondern ein weiterer „Gefangener" wurde in dem Raum eingesperrt. Ich erinnerte mich, dass er auf dem Karstadt Vorplatz den Auflauf der Menge und den Polizeieinsatz fotografiert hatte, und er erzählte mir aufgebracht, dass man ihm die Kamera entrissen und ihn dann festgenommen hätte. Die Kamera hätte er wiederbekommen, nachdem ein Polizist diese geöffnet hatte und den Film herausgezogen hatte, so dass der ganze Streifen belichtet und damit unbrauchbar war. Wir sprachen über das Geschehene, und erst jetzt erfuhr ich, um was es überhaupt ging. Es war eine Wahlkampfveranstaltung der für die Bürgerschaftswahl zugelassenen KPD/ML, eine maoistisch orientierte Splitterpartei am ganz linken Rand. Es war damals die Zeit der Positionierung, in Deutschland wütete der Terror der RAF, die auch nach ihren bekanntesten Gesichtern „Baader-Meinhof- Bande" genannt wurde, und viele, die sich politisch im linken Spektrum bewegten, wurden als Sympathisanten von dieser außerhalb der Gesetze stehenden Gruppe angesehen. Nach etlichen Morden begann eine hysterische Welle der Verdächtigungen und Verfolgung. Und die KPD/ML, von der ich kaum etwas wusste, sollte diesen Ideen wohl nahestehen. Dies erfuhr ich alles im Gespräch mit dem Fotografen, und wir übertrafen uns in unserer Empörung über den Einsatz.

Nachdem man uns etwa eine Stunde alleine in dem abgeschlossenen Raum gelassen hatte, drehte sich wieder der Schlüssel in der Tür und es kamen Beamte herein, die unsere Personalien aufnehmen wollten. Ich hatte natürlich keinen Personalausweis bei mir, aber man konnte wohl anhand des Melderegisters meine Angaben überprüfen. Ich gab Name, Adresse, Telefonnummer, Beruf, Grund meines Aufenthaltes vor dem Karstadt-Eingang an, man notierte alles brav, aber auf meine Frage, weshalb man mich festgenommen hatte, gab man mir keine Antwort. Dann durfte ich das Revier verlassen. Ich lief zu Karstadt zurück, um mein angeschlossenes Fahrrad zu holen. Die eingerollten CDU-

Wahlplakate befanden sich noch auf dem Gepäckträger. Schnell fuhr ich nach Hause. Meine Frau war schon vor geraumer Zeit aus Lüneburg zurückgekommen, sie hatte meine Nachbarin mit dem weinenden Kind in unserer Wohnung vorgefunden und die Kleine erst einmal getröstet. Jetzt schlief sie wieder, und meine Frau hatte Zeit, mir Vorwürfe zu machen, weshalb ich das Kind solange allein gelassen hätte. Ich fing jetzt an zu weinen, alles in mir löste sich, als ich ihr die Geschichte erzählte. Meine Frau nahm mich in den Arm, tröstete mich und sagte: *„Was machst du auch wieder für Sachen? Kannst du nicht einfach weggehen, wenn irgendwo etwas passiert? Geht das für dich nicht?"* und sie setzte fort: *„denkst du denn nicht an deine Familie?"*

Nein, einfach wegsehen und dann weggehen, das konnte ich wohl nicht, und wahrscheinlich geht es auch nicht für mich, bis heute. Aber an meine Familie und Konsequenzen für mich in dieser aufgeheizten Zeit begann ich jetzt zu denken.

Aber meine Frau fühlte mit mir. Am Abend waren wir bei Freunden eingeladen, bei meinem Studienfreund Achim aus der Lüneburger Heide, der in einer WG in Hamburg wohnte. Meinem emotional vorgetragenen Bericht über die Erlebnisse des Vormittages bestätigte die Meinung der meisten Anwesenden, dass die Polizei unter einem irrationalen Verfolgungszwang stände, sie witterten in allen, die lange Haare hatten und Parka trugen, einen Terroristen, und auch der Verdacht, Terroristin zu sein, fiel auf immer mehr junge Frauen. Zwei der Anwesenden, ein miteinander befreundetes Paar hatten einige Wochen zuvor in einem Gasthof in Ostfriesland übernachtet. Er langhaarig und mit Bart, sie auch nicht so gekleidet und frisiert, wie man sich in dieser Zeit eine anständige junge Frau vorstellte. Sie saßen im Gastraum, aßen etwas, sprachen leise und nahmen wahr, wie sich die Männer an der Theke immer wieder nach ihnen umdrehten und mit dem Wirt tuschelten. Irgendwann gingen sie hoch auf ihr Zimmer, liebten sich und schliefen ein. Plötzlich hörten sie laute Schritte auf dem Flur, jemand warf sich derart vehement gegen die abgeschlossene Tür, so dass diese aufsprang.

Sofort waren stark leuchtende Taschenlampen auf die beiden gerichtet, blendeten sie und eine laute Stimme teilte ihnen barsch mit, dass dies ein Polizeieinsatz sei und sie sich sofort mit den Händen nach oben an die Wand anlehnen sollten. Nackt sprangen sie aus dem Bett und folgten den Anweisungen der sechs oder sieben Polizisten, die sich mit auf die Zwei gerichteten Maschinenpistolen im oder vor dem Raum befanden. Beide durften sich notdürftig etwas überziehen, dann wurden sie einzeln in die Gaststube des Hauses geführt, wo man ihre Personalien feststellte und ihre Gesichter fotografierte. Sie mussten dann den vernehmenden Beamten den Schlüssel für ihren draußen geparkten R 4 mit Hamburger Kennzeichen (kein typisches Auto für potentielle Terroristen dieser Zeit) aushändigen, das Fahrzeug wurde ausgiebig überprüft.

Inzwischen hatte man wohl auch ihre Personalien mit der Einsatzzentrale abgeglichen, bis man ihnen unter einer hingemurmelten Entschuldigung mitteilte, dass es sich wohl um ein Versehen gehandelt habe. Ein am Abend an der Theke sitzender Gast hatte geglaubt, die Gesichter der beiden auf den überall hängenden Fahndungsplakaten gesehen zu haben, und jetzt machte er sich Sorgen, dass die Terroristen auch dieses kleine ostfriesischen Dorf heimsuchen würden. Als die beiden nach oben in ihr Zimmer gegangen waren, rief der Wirt die Polizei an und gab diesen Verdacht weiter.

Die Anwesenden waren von dieser Erzählung geschockt, ich vor allem, denn ich merkte, dass meine Geschichte für mich noch nicht zu Ende war.

Am nächsten Morgen schoben meine Frau und ich den Kinderwagen mit unserer Tochter zu dem nur fünf Minuten von unserer Wohnung entfernten Polizeivier in der Marienstraße 10 neben dem Harburger Rathaus.

Ich wollte den Einsatzleiter sprechen, ich hatte schon in Erfahrung gebracht, dass es sich um einen Hauptkommissar Möck handelte, dem Revierführer. Man behandelte uns höflich und bat uns in den 1. Stock.

Dort saßen an einem großen Tisch jener Herr Möck sowie einige andere Herren, die offensichtlich vom Polizeipräsidium am Berliner Tor in Hamburg kamen. Thema schien die gewaltsame Auflösung der Wahlveranstaltung der KPD/ML zu sein. Ich hatte schon am Tag zuvor von dem mit mir festgesetzten Fotografen erfahren, dass eine schriftliche Genehmigung für einen Infostand vorlag. Man bat meine Frau und mich Platz zu nehmen, und ich fragte nach dem Grund der Auflösung. *„Die hatten keine Musikerlaubnis"*, antwortete der Hauptkommissar, *„und sie haben Lieder zur Gitarrenbegleitung gesungen"*. Meine Frau und ich schauten uns an. *„Und das war ein Grund, gegen die Versammlung mit Gewalt einzuschreiten?"* fragte ich ungläubig. *„Die Ordnung und die Regeln müssen eingehalten werden"* pflichtete ein anderer der Anwesenden dem Revierleiter bei. Erst viel später erfuhr ich, dass der HK Möck an diesem Morgen als Passant auf dem Harburger Markt und dann bei Karstadt vorbeigegangen war. Er hatte ja die Genehmigung unterzeichnet, jetzt sah und hörte er irgendein sozialistisches Kampflied mit Begleitung einer Wandergitarre. Dies war für ihn Anlass genug, sich selbständig in Dienst zu versetzen und den Polizeieinsatz zu veranlassen.

Auf Fragen einiger der Anwesenden erläuterte ich meinen Grund, an diesem Samstagmorgen im Eingangsbereich von Karstadt anwesend zu sein. Dann verließen wir das Polizeirevier mit einem unguten Gefühl. Ich setzte mich am Nachmittag hin und tippte in meine Reiseschreibmaschine einen Brief an den damaligen Innensenator Hans-Ulrich Klose, dem späteren Hamburger Ersten Bürgermeister und noch späteren SPD-Fraktionsvorsitzenden im Bundestag. Ich schrieb als Betroffener und als SPD-Mitglied, denn ich war 1971 als überzeugter Anhänger der Politik Willy Brandts der Partei beigetreten. Den Brief steckte ich am selben Tag in den Kasten. Am nächsten Tag hatte ich die Hospitation durch meinen Hauptseminarleiter Horst Luscher. Es war eine erfolgreiche Unterrichtsstunde, aber bei der Besprechung der Stunde erzählte ich meinem Vorgesetzten von meiner Festnahme. Er war empört und meinte, ich brauche sofort einen Rechtsanwalt, er würde sich drum kümmern, und er wolle ein Solidaritätskonto ins Leben rufen.

Am nächsten Tag las ich in den *„Harburger Anzeigen und Nachrichten"* unter der Überschrift **„Polizei gegen KPD-Treffen in Harburg"** folgenden Artikel:

Polizei gegen KPD-Treffen in Harburg

Unter der Beschuldigung, Widerstand gegen die Staatsgewalt geleistet und gegen das Versammlungsgesetz verstoßen zu haben, wurden am Sonnabend auf der Lüneburger Straße in Harburg die beiden Harburger Klaus W. (27) und Ulrich B. (23) von der Polizei vorläufig festgenommen.

Der Studienreferendar Klaus W. hat sich nach Angaben der Polizei auch noch wegen „Gefangenenbefreiung" zu verantworten.

Die KPD-ML („marxistisch-leninistisch") hatte am Haupteingang von Karstadt einen Informationsstand errichtet. Außerdem wurde eine nicht angemeldete Versammlung mit Chorgesängen und Sprechchören veranstaltet. Dadurch wurde der Fußgängerverkehr erheblich behindert.

Der Aufforderung der Polizei, die Straße zu räumen, wurde nicht Folge geleistet. Als Polizeibeamte einen der Männer festgenommen hatten, griff Klaus W. ein und befreite den Mann, der dadurch unerkannt entkommen konnte.

Später klebten KPD-ML-Mitglieder Zettel in Wilhelmsburg. Dabei wurde ein Hamburger, bei dem 200 Zettel gefunden wurden, vorläufig festgenommen.

Einen weiteren Tag später bekam ich einen Anruf von einem Herrn Opitz, Polizeihauptkommissar. Höflich bat er mich, am 22.2. zu ihm ins Polizeikommissariat 4 im Polizeipräsidium am Berliner Tor zu kommen. Ich machte mich schlau und erfuhr, dass dies die Staatsschutzabteilung der Polizeibehörde war, die vor allem auf Terroristenjagd war.

Da ich noch keinen Anwalt hatte, nahm ich meinen Kollegen Wolf G., einem Mitreferendar, mit zu dieser Vernehmung. Es war eine freundliches Unterhaltung, aber ich merkte, dass diese Sache ganz hoch aufgehängt wurde. Das als Gespräch deklarierte Verhör dauerte ca. eine Stunde, in meiner Naivität empfand ich es als nicht unangenehm. Später sagte mir mein einige Tage später hinzugezogener Rechtsanwalt, ich hätte dieses Gespräch nicht ohne seinen Beistand führen sollen.

Einige Wochen später bekam ich die Anklageschrift. Das Delikt *„Verstoß gegen das Versammlungsgesetz"* hatte man fallen lassen, es blieb der

Vorwurf der Gefangenenbefreiung und des Widerstandes gegen die Staatsgewalt.

In meinem Studienseminar zeigten meine Kollegen inzwischen große Solidarität mit mir, der Hauptseminarleiter hatte ja schon für einen Anwalt gesorgt und ein Spendenkonto eröffnet, auf das er als Basis selbst einen größeren Betrag eingezahlt hatte.

Bei mir zu Hause erschien eines Tages ein Handwerker im Blaumann, er solle die Antennen- und Telefondose im Auftrag der Hausverwaltung untersuchen, da sei ein Defekt. Bei meinen Nachbarn gab es keinen Defekt, und ein Auftrag der Verwaltung lag auch nicht vor. Tatsächlich wurde eine Wanze eingebaut, und mich und mein Telefon abzuhören, wie ich später erfuhr, denn ich schien jetzt eine Bedrohung für den Staat zu sein.

Man zeigte mir diverse Postillen linker Gruppen, in denen ich als Märtyrer dargestellt wurde, Männer der „Roten Hilfe" standen vor meiner Tür und wollten mir die Solidarität ihrer Gruppen beweisen.

Irgendwann bekam ich die Anklageschrift, der Prozesstermin wurde in die Sommerferien gelegt.

Mein Anwalt bat um Verlegung, da einige der von unserer Seite benannten Zeugen in dieser Zeit abwesend seien, dem wurde stattgegeben.

Ich bekam es inzwischen mit der Angst zu tun. Ich wollte Lehrer werden, der Beruf machte mir Spaß, mein Beamtenverhältnis auf Widerruf endete mit dem Referendariat. Auch mein Vater hatte mit mir nicht nur Mitleid, sondern er zeigte in dieser Angelegenheit sogar Verständnis mit meiner Situation, und er gab mir moralische Unterstützung. Aber am meisten Mut machte mir immer wieder mein Hauptseminarleiter Horst Luscher, der auch vor Gericht als Leumundszeuge aussagen wollte und von meinem Anwalt benannt wurde.

Über eine Zeitungsanzeige fand ich noch etliche Zeugen des Vorfalls vom 16.2.74, mein Anwalt teilte ihre Personalien dem Gericht mit. Diese wurden daraufhin erst einmal vom Verfassungsschutz überprüft, bei zwei von ihnen wurde die Zugehörigkeit zu linken Organisationen aufgezeigt, der Staatsanwalt stellte im Prozess damit ihre Glaubwürdigkeit in Frage.

Der Prozess vor dem Amtsgericht Harburg war auf drei Verhandlungstage angesetzt, vom 11. – 13.9.1974.

Der vorgesehene Verhandlungsraum war zu klein wegen des großen Besucherandranges, viele Freunde, fast das komplette Hauptseminar und Kollegen waren anwesend, allerdings auch sehr linke Gruppen, mit denen ich mich trotz ihrer Solidaritätsbekundungen nicht einlassen wollte. Selbst mein Vater hatte seine Hörgeräte eingesetzt und wollte dem Prozess beiwohnen. Als erstes also der Umzug in den größten Verhandlungssaal.

Ich hatte mich angepasst, Haare geschnitten, Jackett und Schlips, um Freundlichkeit und Kooperation bemüht. Es ging um nicht mehr und nicht weniger als die Ausübung meines Berufes nach dem bevorstehenden Abschluss meines Referendariates. Und um meinen Ruf. Es ging um mich, und um meine junge Familie.

Der Vorsitzende Richter für diese Verhandlung wurde nicht wie üblich nach dem Anfangsbuchstaben meines Nachnamens ausgewählt, sondern der Leitende Richter am Amtsgericht hatte diese Verhandlung an sich gezogen. Der Staatsanwalt kam von der politischen Abteilung der Anklagebehörde aus Hamburg und galt als besonders scharfer Hund.

Kurzum: Ca. 10 Polizisten stützten mit der gleichen Zeichnung und der gleichen Aussage die Anklage der Staatsanwaltschaft, die Aussagen der von meiner Seite benannten Zeugen wurde angezweifelt, ihre Glaubwürdigkeit wurde in den Dreck gezogen, ihre Verfassungstreue in Frage gestellt. Einzig mein Leumundszeuge Horst Luscher, der Hauptseminarleiten wurde mit Respekt behandelt.

Aber es nützte nichts: Am 13.9. erging das Urteil: 750 DM Geldstrafe, die Kosten des Verfahrens hatte ich zu tragen. Für mich brach eine Welt zusammen. Was wird aus meiner beruflichen Zukunft? Meiner Familie? Aus mir? Ich hatte auf einmal Verständnis für die Menschen, die sich radikalisierten.

Mein Anwalt riet mir, in die Berufung zu gehen, er empfahl mir dafür einen der renommiertesten Strafverteidiger Hamburgs, der auf seine Empfehlung auch die Verteidigung übernehmen wollte.

Aber auch die Staatsanwaltschaft beantragte Berufung vor dem Landgericht, sie hielt für meine Vergehen eine Haftstraße für zwingend erforderlich.

Inzwischen hatte ich meine abschließenden Prüfungen für das zweite Staatsexamen abgelegt. Ich wurde in allen Bereichen mit der Note „Sehr gut" beurteilt. Für die letzten Monaten meines Referendariats erhielt ich einen Lehrauftrag in der Nähe meiner Wohnung, in die Wege geleitet durch HSL Horst Luscher. Eines Morgens rief mich die Schulleiterin in ihr Zimmer. *„So, Herr Wehmeyer, Sie sind also der Terrorist, der an unserer Schule arbeiten soll!"* begrüßte sie mich. *„Setzen Sie sich erstmal. Gestern hat mich mit dieser Meldung ein für unsere Schule zuständiger Hauptseminarleiter, Herr Ry… angesprochen und mich über die Gefahr informiert, die jetzt für unsere Schule besteht. Ich habe daraufhin erstmal Ihren Ausbildungsleiter Herrn Luscher kontaktiert, der mich über Ihr integres Verhalten während des gesamten Referendariats aufgeklärt hat. Willkommen in unserem Kollegium!"*

Wie froh war ich, dass die Anschuldigungen nicht bei ihr verfingen, aber einige ältere Kollegen begegneten mir doch eine lange Zeit mit großem Misstrauen.

Ich wurde zum 1. Februar zum Beamten auf Probe ernannt. Das Urteil vom September war wegen der Berufung ja noch nicht rechtskräftig. Ich trat meinen Dienst zunächst an einer Handelsschule an, weil man dort Lehrer brauchte, und weil ich ein Kaufmännische Lehre vor dem

Studium absolviert hatte. Und mir stand Ende Februar die alles entscheidende Berufungsverhandlung bevor...

Und in Deutschland gab es einen neuen Höhepunkt des echten Terrorismus. Der Landesvorsitzende der Berliner CDU, Peter Lorenz war von Mitgliedern der „Bewegung 2. Juni" entführt worden, man wollte ihn gegen inhaftierte RAF-Mitglieder austauschen. Trotz der Bedenken des damaligen Bundeskanzlers Helmut Schmidt ließ sich der parteienübergreifende Krisenstab der Bundesregierung auf den Austausch ein, die RAF-Gefangenen wurden in den Jemen ausgeflogen, der in einem „Volksgefängnis" versteckte Lorenz freigelassen. In dieser aufgeheizten Stimmung sollte die Berufungsverhandlung stattfinden. Das Landgericht bestand aus einem auf politische Prozesse spezialisierten Richterkollegium, die Staatsanwaltschaft war dafür bekannt, politisch motivierte Angeklagte mit voller Härte zu verfolgen. Mein Strafverteidiger bat mich zu einem Gespräch. *„In dieser aufgeheizten Zeit werden wir keine Chance bei dieser Zusammensetzung des Richterkollegiums haben"* erklärte er mir. *„Ich schlage vor, wir verzichten auf die Berufung. Dann wird es mir hoffentlich gelingen, mit der Staatsanwaltschaft ein Agreement abzuschließen, dass sie auch auf ihre Berufung verzichten."*

Schweren Herzens und voller Wut im Bauch stimmte ich zu. Auch die Staatsanwaltschaft verzichtete. Damit wurde das Urteil Ende Februar1975 rechtskräftig.

Aber das war nicht die beamtenrechtliche Bewertung. Mein ehemaliger Hauptseminarleiter Horst Luscher rief mich an und teilte mir mit, dass man überlege, mich aus dem Beamtenverhältnis auf Probe zu entlassen. Er würde mit dem Leiter der Rechtsabteilung der Schulbehörde reden und diesem ein Gutachten überreichen, um den Fall aus einer anderen Perspektive zu beleuchten.

Ich blieb im Schuldienst. Ich wurde zum Leitenden Oberschulrat zitiert und bekam von diesem eine schriftliche Verwarnung, sogar mit einem gewissen Augenzwinkern. Keine Gehaltskürzung, keine Entfernung aus dem Dienst, kein Berufsverbot.

Einerseits jubelte ich innerlich, andererseits empfinde ich noch immer dieses Urteil als Schande für unseren sogenannten Rechtsstaat. Eineinhalb Jahre später wurde ich vorzeitig zum Beamten auf Lebenszeit ernannt. Das Urteil wurde als Anlage meiner Personalakte zugefügt. Ich hätte nach fünf Jahren einen Antrag auf Entfernung stellen können, das habe ich bis zur Pensionierung nicht getan. Wahrscheinlich vergilbt sie jetzt immer weiter in einem Archiv der Schulbehörde.

Bis heute habe ich mich des mir vorgeworfenen Vergehens nicht schuldig gefühlt, aber eine Gänsehaut bekomme ich auch jetzt noch, wo ich die letzten Zeilen dieser Geschichte schreibe.

9. November 1989 - Der Fall der Berliner Mauer

Kein anderes Ereignis in meinem Leben hat mich so sehr bewegt, so viel un-gläubige Freude ausgelöst, in mir eine so intensive Gänsehaut ausgelöst wie der Abend und der folgende Tag des 9. Novembers 1989. Es war die Nacht, in der die Mauer zwar noch nicht fiel, aber das System der Aufteilung in zwei politische Blöcke in Europa auseinanderbrach.

Sommer 1989 – es hatte sich etwas getan im Machtgefüge unseres Planeten. Die Ordnung, nach der seit dem II. Weltkrieg die Welt in Blöcke eingeteilt war, hatte keinen Bestand mehr. In der Sowjetunion wurde Michail Gorbatschow 1985 Generalsekretär des Zentralkomitees der KPdSU und hatte so faktisch die Führung Landes übernommen. Seine Politik lief auf Ausgleich, mehr Freiheit und Demokratie in der SU und den anderen sozialistischen Ländern hinaus. Die Veränderungen in Polen, der Tschechoslowakei und in Ungarn nahm er nicht nur hin, er begrüßte diese sogar. Die Schlagworte, die seine Politik symbolisierten, waren „*Glasnost*" und „*Perestroika*" was man mit „Transparenz, Offenheit" sowie „Veränderung, Umbau" übersetzen kann.

In der der DDR kam dieser frische „*Wind des Wandels*" zwar beim Volk, jedoch nicht bei der mächtigen Parteiführung des selbsternannten Arbeiter- und Bauernstaates an. In diesem Sommer gab es überall Demonstrationen, die bekanntesten waren die Montagsdemos in Leipzig, wo sich an jedem ersten Tag der Woche des Spätsommers und Herbstes 1989 eine stetig wachsende Menschenmenge zusammenfand, um mit den Rufen „*Wir sind das Volk*" und „*Einig deutsches Vaterland*" ihren Wunsch nach Veränderung, sogar nach Wiedervereinigung beider deutscher Staaten zum Ausdruck zu bringen. Immer mehr Menschen verließen das Land über Ungarn, wo die im Wandel befindliche Regierung die Grenze nach Österreich öffnete und die Ströme ungehindert passieren ließ. Auch aus dem anderen sozialistischen Bruderstaat, in welchen die DDR-Bürger visumsfrei reisen konnten, der

Tschechoslowakei, versuchten die Menschen in die Bundesrepublik zu kommen, doch dort waren die Grenzübergänge noch nicht geöffnet. Tausende überwanden den Zaun zum Garten der westdeutschen Botschaft in Prag, einem exterritorialen Gebiet. Nach einigen Tagen der Geheimverhandlungen zwischen den Regierungen der DDR und der Bundesrepublik durften die Menschen mit versiegelten Sonderzügen über das Gebiet der DDR nach Westdeutschland ausreisen.

Die Demonstrationen und der Ruf nach Freiheit in der DDR nehmen in diesen Tagen zu. Doch die Führung der Partei und damit des Staates will am 7. Oktober erst einmal *„in Ruhe"* und unbeirrt das 40-jährige Bestehen ihres sozialistischen Arbeiter- und Bauernstaates feiern. Ein Massenauflauf von Regimetreuen, zwangsverpflichten Jublern und fähnchenschwenkenden jungen Pionieren sowie eine Militärparade huldigen der Parteiführung der SED und ihre Gäste. Der anwesende sowjetische ZK-Generalsekretär Michail Gorbatschow lässt sich zwar auf einen sozialistischen Bruderkuss mit Honecker, dem Vorsitzenden des Staatsrates, ein, bleibt aber sonst auf Distanz. Auch in Anbetracht der nur wenige Häuserblöcke stattfindenden Demonstration für Freiheit, Demokratie und Einheit soll er zu Honecker den Satz *„Wer zu spät kommt, den bestraft das Leben"* gesagt haben. Dies wird in der Folge zu einem geflügelten Wort und hat immer noch Bestand.

Aber die noch Mächtigen des Staates lassen sich nicht zur gewaltsamen Niederschlagung der Proteste hinreißen, zu groß ist die Angst vor einem blutigen Oktober, und es fehlt der Rückhalt der Sowjetunion. Am 18. 10. wird Honecker, der ewig Gestrige, von fortschrittlichen Mitgliedern des Zentralkomitees zum Rücktritt gezwungen, Nachfolger wird Egon Krenz als Vorsitzender des Politbüros und des Staatsrates. Die Proteste der Bevölkerung nehmen jedoch weiter zu, Berlin ist inzwischen zum Hotspot dieser Welt geworden. Gespannt warten wir im Westen jeden Abend auf die Tagesschau, um die weitere Entwicklung verfolgen zu können.

Die Lage spitzt sich Anfang November zu. Am Donnerstag, den 9. November sitzt unsere Familie wieder vor dem Fernsehschirm und wartet auf die Bilder und Neuigkeiten des Tages aus Berlin. Meine Frau und unsere Kinder, 15 und 11 Jahre alt, sind von den Ereignissen völlig gefangen, genauso wie die Jugendlichen in meiner Schule, die im Unterricht täglich über die Ereignisse reden wollen.

Jo Brauner, der Nachrichtensprecher der Tagesschau, beginnt um 20 Uhr seinen Text mit den Worten: *„Guten Abend, meine Damen und Herren, ausreisewillige DDR-Bürger müssen nach den Worten des SED-Politbüromitglieds Schabowski nicht mehr den Umweg über die Tschechoslowakei nehmen. Dies kündigte er vor der Presse in Ost-Berlin an."* Wir, die wir zu Hause alle vor dem Fernseher sitzen, schauen uns ungläubig an. *„Ist das möglich?"* fragen wir uns, ohne es auszusprechen. Dann wird ein Filmausschnitt der Pressekonferenz eingespielt. Schabowski liest seine Erklärung von einem Blatt ab. Auch die Vertreter der internationalen Presse können es nicht fassen. Auf die Nachfrage eines Journalisten, wann dies in Kraft treten solle, schaut Schabowski noch einmal auf seinen Zettel und bestätigt mit folgenden Worten:

„Nach meiner Kenntnis ist das... sofort, unverzüglich".

Und das kann nur bedeuten, dass an diesem Abend sich alle Grenzübergänge zur BRD und nach Westberlin öffnen würden! Es ist das eingetreten, was keiner für möglich gehalten hätte. Gebannt bleiben wir am Fernseher hängen. Das normale Programm wird ausgesetzt. Korrespondenten berichten von verschiedenen Grenzübergängen in West- und Ostberlin sowie aus der Hauptstadt der Bundesrepublik, Bonn. Die Berichte aus der DDR-Hauptstadt zeigen unzählige Menschen auf dem Weg zu den Übergängen der Stadt. Dieses: ***„Nach meiner Kenntnis ist das... sofort, unverzüglich"*** hat sich wie ein Lauffeuer herumgesprochen, denn auch die aktuelle Kamera, das DDR-Staatsfernsehen, hatte die Pressekonferenz mit Schabowski übertragen. Immer wieder schwenken die Kameras zu den Grenzübergängen, Zehntausende haben sich in Bewegung gesetzt und finden sich vor den Schlagbäumen ein, ein gewaltiger Druck nicht nur auf die noch geschlossene Grenze, sondern auch auf die dort diensttuenden Grenztruppen der Volksarmee. Sie haben keine Anweisung bekommen, die Sperren zu öffnen, wissen nicht, wie unter den neuen Gegebenheiten die Grenzkontrollen durchgeführt werden sollen. Einige Hardliner an den Grenzen meinen, man solle Schusswaffen einsetzen, um die drängende Menschenmenge zurückzuhalten. Moderate Vorgesetzte verhindern dies, und gegen 22 Uhr lässt der verantwortliche Offizier an der Bornholmer Straße die Massen passieren, ohne direkte Anweisung: er betrachtet die Aussage Schabowskis in der Pressekonferenz als Legitimation. Bis Mitternacht werden alle Übergänge in Berlin geöffnet, bis zum Morgen auch die Übergänge nach Westdeutschland.

Wir bleiben gebannt am Fernseher hängen, spüren die Freude der Ost-Berliner, die von den Menschen aus dem westlichen Teil der Stadt empfangen werden. Es gibt ergreifende Szenen des Wiedersehens, in den Kneipen Freibier, auf dem und zum Kudamm hin sieht man eine Völkerwanderung. Ob dieser Szenen am Bildschirm geht uns das Herz auf, wir empfinden die Freude dieser nie erwarteten Grenzöffnung, bei der kein einziger Schuss gefallen ist, genauso wie die Menschen vor Ort.

Als die Bilder von den jubelnden Menschen auf der Mauer vor dem Brandenburger Tor gezeigt werden, gehen wir alle ins Bett, ohne jedoch gleich einschlafen zu können...

„In dieser Nacht der Nächte
Die uns so viel verspricht
Erleben wir das Beste
Kein Ende ist in Sicht"

und

„an Tagen wie diesen

Wünscht man sich Unendlichkeit"

singt Campino von den Toten Hosen später, aber es hätte auch die Hymne dieses Abends sein können.

Am nächsten Morgen hören wir im Radio die Nachrichten über diese Nacht der Freude, nirgendwo gibt es an diesem Tag einen anderen Gesprächsgegenstand.

Der Abend ist den Deklamationen vorbehalten: Berlins Bürgermeister Momper hält vor dem Schöneberger Rathaus eine Rede, ihm folgt Bundeskanzler Kohl, der für diesen Abend seine Warschau-Reise unterbrochen hat, sowie zum Schluss der ehemalige Kanzler Willy Brandt, der die Friedenspolitik Anfang der 70-er Jahre eingeleitet hatte. Bei seinen Worten *„Es wächst zusammen, was zusammengehört"* braust der Jubel bei den mehr als Hunderttausenden von Anwesenden vor dem Rathaus auf, er ist genauso laut wie der, als John F.Kennedy am 26. Juni 1963 am selben Ort seine berühmte Rede mit *„Ich bin ein Berliner"* abschloss.

Am nächsten Tag, dem 11.11., einem Samstag, fuhr ich mit meiner Tochter zu einem Volleyballwettspiel hinter Lüneburg im sogenannten Zonenrandgebiet. Wir hatten etwas Tolles erfunden, um die Fahrtzeit abzukürzen: Trabbis zählen, denn Tausende DDR-Bürger nutzten die neugewonnene Freiheit, mit ihren Autos in den Westen zu fahren und ihr „Begrüßungsgeld" in Höhe von 100 DM bei Aldi und anderen Discountern wieder in den Wirtschaftskreislauf des Westens zurückzuführen.

Fast ein Jahr später, am 3. Oktober 1990 schließen sich sechs neue Bundesländer der Bundesrepublik an. Dieses Datum ist seitdem Nationalfeiertag, der *„Tag der deutschen Einheit"*.

Von nun an sind wir „Deutschland, einig Vaterland".

9/11 – Angriff auf das World-Trade-Center in New York

Einige Tage vor dem 11. September 2021, an dem sich der Tag der Angriffe auf die Twin-Towers in New York das 20. Mal jährte, traf ich einen alten Kollegen aus meiner damaligen Schule Bunatwiete in Hamburg-Harburg, der mit mir über die Erinnerungen an diesen Tag sprach…Ich schrieb diese Erinnerungen nieder und schickte sie ans Hamburger Abendblatt. Man druckte sie in einem Artikel am Gedenktag.

In drei Tagen jährt sich zum zwanzigsten Mal 9/11, der Tag, an dem mit dem Angriff auf die Twin-Towers des World-Trade-Center in New York der wohl schrecklichste Terroranschlag der Geschichte passierte, der auch mein Herz aus dem Rhythmus brachte.

Doch meine Erinnerung an dieses Ereignis beginnt bereits 12 Tage vorher, am 31.8.2001, einem Freitag.

Ich war damals 54 Jahre alt und seit vielen Jahren Lehrer an der Schule Bunatwiete 20 in Hamburg-Harburg. Morgens vor Schulbeginn parkte ich meinen VW-Passat gegenüber der Schule auf einem gerade freiwerdenden Platz vor dem Haus Bunatwiete 23. Ich öffnete die Heckklappe, holte meine Taschen und Unterrichtsmaterial aus dem Wagen, schlug die Klappe wieder zu und trug alles in zwei Etappen in die Schule.

Nach Schulschluss fasste ich in meine Jackentasche und suchte mein Bund mit dem Autoschlüssel und anderen privaten Schlüsseln. Ich konnte es nicht finden, ging zu unserem Hausmeister Thomas und fragte, ob es bei ihm abgegeben worden sei. „Nein,", entgegnete er, „aber heute Morgen kurz nach 8 kam ein junger Mann vom Haus gegenüber zu mir. Er sagte, dass er aus dem Schloss des roten Passats auf der gegenüberliegenden Straßenseite ein Schlüsselbund herausgezogen hätte, er vermutete, dass es einem von den Lehrern der Schule gehörte. Er hätte das Bund zu sich in die Wohnung genommen, gleich

Erdgeschoss rechts, Nr. 23, er sei zu Hause, und du kannst" – und dabei nahm er einen Zettel mit einem Namen vom Schreibtisch und gab ihn mir – „bei ihm klingeln, er sei den ganzen Tag zu Hause." Ich nahm den Zettel, las den Namen Said Bahaji, ging über die Straße und drückte auf den Klingelknopf. Ein freundlicher junger Mann öffnete die Tür und sagte: „Ach, Sie sind der Lehrer, der vergessen hat, sein Schlüssel aus dem Schloss zu ziehen". Er hatte das Bund schon in der Hand, gab es mir und meinte noch lächelnd: „Wissen Sie, es gibt hier in der Gegend so viele Spitzbuben, und das wäre nicht gut, wenn jemand mit Ihrem Auto davon gefahren wäre". Ich gab ihm recht, bedankte mich höflich und fragte, wie ich mich für seine Aufmerksamkeit und Nettigkeit erkenntlich zeigen könnte, aber er winkte ab und sagte, dass sei selbstverständlich für ihn. Und ich freute mich, wieder einmal in meiner Einschätzung bestätigt zu sein, dass die vielen Vorurteile gegenüber Menschen mit ausländisch klingenden Namen nicht stimmen. Froh gelaunt setzte ich mich in mein Auto, fuhr nach Hause und erzählte meiner Frau von diesem Erlebnis.

12 Tage später am Dienstag, den 9.11., nachmittags gegen drei Uhr. Ich war gerade nach Hause gekommen und aß zu Mittag. Da klingelte das Telefon, unser Sohn war dran. Er war in seinem Studentenheim in Hamburg und sagte mir: „Papa, schalte mal schnell den Fernseher ein. Das ist gerade eben in New York etwas Schreckliches passiert. Ein Flugzeug ist in einen Turm des World Trade Centers hineingekracht."

Ich schaltete ein, und sah einen brennenden Turm, aber ich sah auch ein weiteres Flugzeug auf den zweiten Turm zufliegen. Einen Augenblick später war auch dieser getroffen und stand in Flammen. Mein Essen blieb stehen, ebenso fast mein Herz. Das weitere ist uns allen bekannt. Wenig später stürzten beide Türme zusammen und eine riesige Wolke aus Staub, Rauch, Asche und giftigen Gasen legte sich über Manhattan.

Schon am nächsten Tag erfuhren wir, dass die Spuren der Attentäter nach Hamburg führten, alle Beteiligten an diesem Terrorakt hatten sich für mehrere Jahre in einer konspirativen Wohnung in der Marienstraße,

68

nicht weit von unserer Schule, regelmäßig getroffen und den Anschlag dort geplant. Auch der Gutmensch von nebenan, Said Bahaji, der Retter meines Schlüssels, ebenso wie die anderen Student an der TU in Hamburg-Harburg, hatte dort gewohnt und gehörte später nach seinem Umzug in die Bunatwiete zu den regelmäßigen Gästen der konspirativen Treffen. Schon einige Tage später wurde die Bunatwiete und die danebenliegende Maretstraße abgesperrt, unsere Schule konnte für etliche Tage nur durch einen Nebeneingang betreten werden. Es parkten Vans mit Satellitenschüsseln auf den Dächern, Reporter und Reporterinnen von Fernsehsendern aus aller Welt ließen sich vor dem Haus 23 filmen und gaben ihre Statements ab, schwarze Limousinen und Vans mit verdunkelten Scheiben parkten in der Straße, Agenten des FBI und des Bundeskriminalamtes stellten auch die Wohnung von Bahaji auf den Kopf und suchten Spuren.

Ich konnte es nicht fassen: Ein freundlicher, netter Mensch, der meinen Schlüssel gerettet hatte und mich vor *„Spitzbuben“* warnte, gehörte auf einmal zu den am meisten gesuchten Personen auf dieser Welt, und er war beschuldigt, an dem größten Terroranschlag der Geschichte teilgenommen zu haben. Meines Wissens hat man Said Bahaji niemals gefasst, eine Woche vor dem Anschlag soll er in einem Flugzeug nach Pakistan gesessen haben.

Für mich bleibt die Erinnerung an 9/11 immer mit dieser Vorgeschichte verbunden.

8.9.2021

„Dann gab er mir lächelnd mein Schlüsselbund"

Der frühere Harburger Lehrer Klaus Wehmeyer schildert, wie er dem Terroristen Said Bahaji drei Wochen vor dem Anschlag auf das World-Trade-Center begegnet ist

KLAUS WEHMEYER

HARBURG :: Heute jährt sich zum zwanzigsten Mal 9/11, der Tag, an dem mit dem Angriff auf die Twin-Towers des World-Trade-Center in New York der wohl schrecklichste Terroranschlag der Geschichte passierte, der auch mein Herz aus dem Rhythmus brachte. Doch meine Erinnerung an dieses Ereignis beginnt bereits 12 Tage vorher, am 31. August 2001, einem Freitag. Ich war damals 54 Jahre alt und seit vielen Jahren Lehrer an der Schule Bunatwiete 20 in Harburg.

Morgens vor Schulbeginn parkte ich meinen VW-Passat gegenüber der Schule auf einem gerade frei werdenden Platz vor dem Haus Bunatwiete 23. Ich öffnete die Heckklappe, holte meine Taschen und Unterrichtsmaterial aus dem Wagen, schlug die Klappe wieder zu und trug alles in zwei Etappen in die Schule. Nach Schulschluss fasste ich in meine Jackentasche und suchte mein Bund mit dem Autoschlüssel und anderen privaten Schlüsseln. Ich konnte es nicht finden, ging zu unserem Hausmeister Thomas und fragte, ob es bei ihm abgegeben worden sei.

„Nein", entgegnete er, „aber heute Morgen kurz nach acht kam ein junger Mann vom Haus gegenüber zu mir. Er sagte, dass er aus dem Schloss des roten Passats auf der gegenüberliegenden Straßenseite ein Schlüsselbund herausgezogen hätte, er vermutete, dass es einem von den Lehrern der Schule gehörte. Er hätte das Bund zu sich in die Wohnung genommen, gleich Erdgeschoss rechts Nr. 23, er sei zu Hause, und du kannst" – und dabei nahm er einen Zettel mit einem Namen vom Schreibtisch und gab ihn mir – „bei ihm klingeln, er sei den ganzen Tag zu Hause."

Ich nahm den Zettel, las den Namen Said Bahaji, ging über die Straße und drückte auf den Klingelknopf. Ein freundlicher junger Mann öffnete die Tür und sagte: „Ach, Sie sind der Lehrer, der vergessen hat, seinen Schlüssel aus dem Schloss zu ziehen." Er hatte das Bund schon in der Hand, gab es mir und sagte noch lächelnd: „Wissen Sie, es gibt hier in der Gegend so viele Spitzbuben, und das wäre nicht gut, wenn jemand mit Ihrem Auto davon gefahren wäre." Ich gab ihm recht, bedankte mich höflich und fragte, wie ich mich für seine Aufmerksamkeit und Nettigkeit erkenntlich zeigen könnte, aber er winkte ab und sagte, dass sei selbstverständlich für ihn.

Ich freute mich, wieder einmal in meiner Einschätzung bestätigt zu sein, dass die vielen Vorurteile gegenüber Menschen mit ausländisch klingenden

Namen nicht stimmen. Froh gelaunt setzte ich mich in mein Auto, fuhr nach Hause und erzählte meiner Frau von diesem Erlebnis.

Zwölf Tage später am Dienstag, den 11. September, nachmittags gegen drei Uhr – ich war gerade nach Hause gekommen und aß zu Mittag – klingelte das Telefon, unser Sohn war dran. Er war in seinem Studentenheim in Hamburg und sagte mir: „Papa, schalte mal schnell den Fernseher ein. Das ist gerade eben in New York etwas Schreckliches passiert. Ein Flugzeug ist in einen Turm des World Trade Centers hinein gekracht." Ich schaltete ein, und sah einen brennenden Turm, aber ich sah auch ein weiteres

Das Foto zeigt einen der Türme nach dem Anschlag. FOTO: JASON SZENES/DPA

Flugzeug auf den zweiten Turm zufliegen. Einen Augenblick später war auch dieser getroffen und stand in Flammen. Mein Essen blieb stehen, ebenso fast mein Herz.

Das weitere ist uns allen bekannt. Wenig später stürzten beide Türme zusammen und eine riesige Wolke aus Staub, Rauch, Asche und giftigen Gasen legte sich über Manhattan. Schon am nächsten Tag erfuhren wir, dass die Spuren der Attentäter nach Hamburg führten, alle Beteiligten an diesem Terrorakt hatten sich für mehrere Jahre in einer konspirativen Wohnung in der Marienstraße, nicht weit von unserer Schule, regelmäßig getroffen und den Anschlag dort geplant. Auch der Gutmensch von nebenan, Said Bahaji, der Retter meines Schlüssels, ebenso wie die anderen Student an der TU in Hamburg-Harburg, hatte dort gewohnt und gehörte später nach seinem Umzug in die Bunatwiete zu den regelmäßigen Gästen der konspirativen Treffen.

Schon einige Tage später wurde die Bunatwiete und die danebenliegende Maretstraße abgesperrt, unsere Schule konnte für etliche Tage nur durch einen Nebeneingang betreten werden. Es parkten Vans mit Satellitenschüsseln auf den Dächern, Reporter und Reporterinnen von Fernsehsendern aus aller Welt ließen sich vor dem Haus 23 filmen und gaben ihre Statements ab, schwarze Limousinen und Vans mit verdunkelten Scheiben parkten in der Straße, Agenten des FBI und des Bundeskriminalamtes stellten auch die Wohnung von Bahaji auf den Kopf und suchten Spuren.

Ich konnte es nicht fassen: Ein freundlicher, netter Mensch, der meinen Schlüssel gerettet hatte und mich vor „Spitzbuben" warnte, gehörte auf einmal zu den am meisten gesuchten Personen auf dieser Welt, und er war beschuldigt, an dem größten Terroranschlag der Geschichte teilgenommen zu haben. Meines Wissens hat man Said Bahaji niemals gefasst, eine Woche vor dem Anschlag soll er in einem Flugzeug nach Pakistan gesessen haben. Für mich bleibt die Erinnerung an 9/11 immer mit dieser Vorgeschichte verbunden.

Weltweit engagiert

Klaus Wehmeyer ist heute 74 Jahre alt und hat als Lehrer an der Schule Bunatwiete in Harburg unterrichtet. Sein besonderes Augenmerk galt und gilt auch heute noch den Themen Migration und Integration. Ursprünglich hat Wehmeyer Sport und Mathematik studiert. Die letzten fünf Jahre seines Berufslebens war er an einer deutschen Schule in Ägypten aktiv. Seit seiner Pensionierung unterrichtet er ehrenamtlich Deutsch als Fremdsprache, unter anderem zuletzt an Schulen in Nepal und Indien.

Der Harburger Klaus Wehmeyer erinnert sich an eine Begegnung mit einem der Terroristen. FOTO: ANDRE LENTHE FOTOGRAFIE

Said Bahaji gehört zu den Drahziehern des Anschlags. Er wurde bis heute nicht gefasst. FOTO: BKA WIESBADEN

März 2008 - Israel und Palästina, eine Fahrt ins Heilige Land

Während meiner Tätigkeit für die Neue Deutsche Schule in Alexandria/Ägypten bekam ich eine Einladung zur Konferenz der deutschen Schulleiter der Region Nahost in Beit Jala, einem Nachbarort von Bethlehem.

Es liegt auf der Westbank, 20 Autominuten von Jerusalem entfernt, so man denn die richtigen Papiere hat, um die zahlreichen Checkpoints auf dieser kurzen Strecke zu passieren. In Beit Jala wohnten und tagten wir in einer von der deutschen evangelischen Kirche getragenen und weitgehend vom deutschen Außenministerium unterstützten Schule. Die Eindrücke dieser vier Tage beinhalten die wohl intensivsten und dichtesten Erlebnisse meines bisherigen Lebens. Nie zuvor prallten geschichtliche, aktuelle politische, religiöse, ethnische und sehr persönliche Themen und Bereiche aufeinander, so dass es nicht nur in der Nachbarschaft unserer Schule, sondern auch in meinem Herzen zu Explosionen kam.

Um 5 Uhr reißt mich der Wecker in meiner „Klosterzelle" in der Schule der Borromäerinnen, in der ich in Kairo die Nacht verbracht habe, aus dem Schlaf. Nach dem Frühstück verlassen wir – mein Kollege Frieder, seine Frau und ich – die Schule und fahren mit dem Taxi durch den morgendlichen Dunst, aber auf freien Straßen, zum Flughafen, von dem uns „Air Sinai", eine eigens für die Verbindung nach Israel gegründete Fluggesellschaft, bringt. Wir sind eine Gruppe von zehn Schulleitern/innen, drei mitreisenden Partnerinnen sowie dem Attaché für Kultur der Deutschen Botschaft in Kairo.

Nach einem Katzensprung über das Nildelta, entlang der Sinaiküste einschließlich Gaza landen wir nach 55 Minuten auf dem Ben-Gurion-Flughafen in Tel Aviv. Schon beim Anflug wähnen wir uns in einer anderen Welt. Breite Straßen, fließender Verkehr, Reihenhaussiedlungen nach dem Zuschnitt deutscher Vorstädte, ein moderner Flughafen, schnelle Abfertigung. Nur an der Passkontrolle müssen wir immer wieder Fragen beantworten, nach Ziel und Grund unserer Einreise nach Israel, nach privaten und beruflichen Lebensumständen. Kein freundliches Lächeln zeigt sich im Gesicht der Beamtin, nur professionelle Kälte, aber sie erfüllt uns den Wunsch, die Pässe nicht zu stempeln, weil wir sonst nicht mehr in einige arabische Länder einreisen könnten.

Ein Bus erwartet uns, modern, intakt, ausreichend Beinfreiheit. Er hat ein israelisches Kennzeichen und soll uns nach Beit Jala bringen. Auf der breiten autobahnähnlichen Straße verfolge ich die dreisprachig (hebräisch, arabisch, englisch) geschriebenen Hinweisschilder, wir halten die Richtung Jerusalem. Ich fühle mich erinnert an Szenen aus dem Film „Liebesleben" nach dem Roman von Zeruya Shalev, ich glaube die Stelle an der Straße wieder zu erkennen, an der Jara das Auto verlässt, um sich einige Hundert Meter weiter Ari, dem sie auf abgründige Art hörig ist, als Anhalterin anzubieten. Es versetzt mir einen Stich, weil meine Gedanken vom Inhalt dieses Buches und Filmes gefangen sind, beides war für mich ein Türöffner für Israel.

Erinnert fühle ich mich auch an die Toskana, die sanften Hügel, auf denen terrassenförmig Wein und Olivenbäume kultiviert werden, ganz anders als das nahe Ägypten, ein Gefühl von nicht weit entfernt liegender Heimat.

Schon nach 40 Minuten taucht vor uns Jerusalem auf, eine moderne Großstadt, 900 m hoch auf Hügeln gelegen, die *„Stadt des Friedens"*, wie die Übersetzung aus dem Hebräischen heißt. Wir umfahren die Stadt, können an den Häusern den Übergang vom westlichen zum östlichen Teil erkennen, und sehen sie immer wieder vor uns: Die 6 bis 8 m hohe Mauer, von den Israelis errichtet, die sie seit der zweiten Intifada in den 90-er Jahren immer weiter ausbauen. *„Security Fence"* nennt Israel sie, sie soll den Waffenschmuggel unterbinden und palästinensische Selbstmordattentäter davon abhalten, nach Israel zu gelangen und dort Anschläge zu verüben. *„Apartheid Wall"* sagen die Palästinenser, denn sie werden dadurch nicht nur ausgegrenzt, diskriminiert und eingeschränkt, die Mauer stiehlt vielen die Sonne, zerreißt ihr Land, zerstört Nachbarschaften, trennt Familien, nimmt ihnen Arbeitsplätze, verhindert den Verkauf ihrer Produkte, lässt keine Abkürzungen zu. Überall ist dieses inzwischen 704 km lange Bauwerk gegenwärtig, als Vergleich lassen die Palästinenser nur die Chinesische Mauer zu.

Wir passieren einen Checkpoint an der Mauer, brauchen nach einigen Worten unseres Fahrers mit der höchstens 18 – jährigen Soldatin, die ihr Schnellfeuergewehr locker an ihren Schultern hängen hat, nur unsere Pässe hochhalten, dann werden für uns die Reißzähne, die beim unerlaubten Passieren die Reifen zerstören sollen, im Boden versenkt.

Wir sind in der Westbank, dem „autonomen" Palästinensergebiet, dass einer wirtschaftlichen und militärischen Kontrolle und Diktatur durch Israel unterliegt, dieses Land, das kein eigenes Land ist, das von Niemandem anerkannt wird, das die heiligsten Stätten dreier Religionen beherbergt, deren Menschen, egal ob Christen oder Moslem, rechtlos sind, der Willkür einer Besatzungsmacht ausgeliefert, aber im Focus der Welt, denn kein anderes Gebiet der Erde wird so genau von den internationalen Medien kontrolliert wie diese Region.

 Wir fahren den Hügel zur Schule „Talitha Kumi" hinauf, passieren ein Stahltor, das, von Kameras bewacht, elektronisch geöffnet wird. „Talitha Kumi" ist aramäisch und wird von dem Evangelisten Markus in der Erzählung über die Auferweckung der Tochter des Jairus erwähnt: *„Und Jesus ergriff das Kind bei der Hand und sprach: Talitha Kumi! – das heißt: Mädchen, ich sage dir, steh auf!"* (Mk., 5,41).

Damit ist der Name Programm, denn „Talitha Kumi" wurde bereits 1851 vom deutschen Diakoniewerk Kaiserwerth als Kinderheim für arabische Mädchen gegründet. Heute führt die Schule bis zum Abitur und hat einen berufsbildenden Zweig mit der Fachrichtung „Hotel und Tourismus". 1975 hat das Berliner Missionswerk die Schulträgerschaft übernommen.

Wir sind im Gästehaus der Schule untergebracht, einfache, saubere Zimmer, ein wenig kalt (nachts sind die Märztemperaturen knapp über dem Gefrierpunkt, diesen Winter hatte es bereits zwei „Schneekatastrophen" gegeben).

Es empfängt uns Dr. Dürr, der Leiter der Schule, ein gütig aussehender, schlanker, hochgewachsener Mann in meinem Alter. Bei unserer ersten Zusammenkunft im Tagungsraum sagt er uns, dass nur die Tatsache, dass wir in der Nacht zuvor bereits auf der Anreise waren, verhindert hat, dass das deutsche Außenministerium die Tagung abgesagt hätte. In der Nacht waren in einem Haus im Beit Jala benachbarten Bethlehem drei Menschen von israelischen Soldaten liquidiert worden, einer von ihnen soll ein Hamas-Führer gewesen sein.

Zurzeit sei die Beisetzung der drei Getöteten, anschließend würde auf dem Platz vor der Geburtskirche von Jesus Christus eine Kundgebung stattfinden. Es sei nicht sicher, dass wir – wie vorgesehen – am Nachmittag diese besuchen könnten. Wir sind betroffen, es sei Alltag, sagt Dr. Dürr, der hier seit einigen Jahren lebt.

Nach dem Essen, arabisch, mit vielen Vorspeisen kommt die Meldung, wir könnten es riskieren, nach Bethlehem hinein zu fahren. Es stehen drei Taxis bereit (moderne Mercedes-Limousinen), deren Fahrer sich sogar anschnallen, und dann geht es in Richtung Geburtskirche. Wieder passieren wir Checkpoints, weil wir die Grenzen verschiedener Sicherheitszonen innerhalb des Palästinensergebietes queren müssen, aber von uns will man wieder keine Pässe sehen, der Fahrer jedoch wird intensiv kontrolliert.

Ich hatte über Bethlehem die Vorstellung von Krippenspielen, in meiner Phantasie hatte ich dem Ort einen dörflichen Charakter gegeben. Doch hier holt mich die Wirklichkeit ein. Moderne Hochhäuser, Hotels, Ladenstraßen (die allerdings heute wegen der Trauerfeier geschlossen bleiben), steile Straßen die Hügel hinauf, keine Esel wie in Ägypten im

Straßenbild, keine Pferdefuhrwerke, alles sauber und geordnet, aber alles im Schlaf des Streiks.

Vor uns liegt die Geburtskirche. Auf dem Platz gegenüber wird ein Zelt aufgebaut, Stühle für die Demonstration aufgestellt, palästinensische Polizei überwacht die Szene, israelische Soldaten lassen sich nicht blicken, sie werden erst wieder in der Nacht kommen.

Wir sind die einzigen Besucher. Der Eingang in die Kirche ist ein niedriger Durchgang. Wir werden von einem der Deutschlehrer der Schule „Talitha Kumi" geführt, einem palästinensischen Christen. Er ist hier aufgewachsen, es ist sein Glauben, er ist authentisch. Er erklärt uns beim Durchgang die unterschiedlichen Besitzverhältnisse dieser für die Christen ganz besonderen Kirche. Der Eingangsbereich gehört der griechisch-orthodoxen, der rechte Teil der armenischen Kirche, ein kleiner Teil den Kopten aus Ägypten, daneben eine Nische den Äthiopiern. Den Katholiken gehört der linke Seitenflügel. In der orthodoxen Abteilung preisen vier Mönche in Gesängen Gott, der Äthiopier möchte Spenden für seine bettelarme Kirche sammeln, in der katholischen Ecke knien französische Pilger, die nach uns gekommen sind. Ich habe plötzlich das unglaubliche Bedürfnis zu beten, lasse mich von der Gruppe zurückfallen und finde eine stille Ecke.

Unser Führer erzählt uns über die Kämpfe zwischen den einzelnen christlichen Gruppen, seit fast 2000 Jahren wird um jeden Zentimeter dieser heiligen Stätte gekämpft, viele Tote hätte es bei dem Streit um größtmögliche Nähe zu der direkten Geburtsstätte von Jesus Christus gegeben. Erst seit einer Art „Konkordat" durch den damaligen Herrscher über dieses Gebiet, dem Kaiser des Osmanischen Reiches, gibt es eine Art Status Quo, der die verschiedenen Konfessionen keine physische Gewalt mehr anwenden lässt, auch wenn der Streit in keiner Weise beigelegt ist.

Als wir im uns im Gewölbe unter der griechisch-orthodoxen Abteilung befinden, erfahren wir, dass dies die Grotte gewesen sei, in der Jesus

Christus zur Welt gekommen war. Er zeigt uns eine Mulde, die von Edelsteinen, Glas und Gold sternförmig eingefasst ist, das sei der Platz, an dem Maria entbunden hätte.

Mich überkommt in diesem Moment keine Ehrfurcht, ich denke an das Land: Hier, wo der Erlöser der Menschheit, der Nächstenliebe, Gewaltfreiheit und Toleranz gelehrt hatte, geboren wurde und lebte, der in der Nähe dieses Ortes die Sünden der Menschheit auf sich nahm, verurteilt und ans Kreuz geschlagen wurde, wieder auferstand und gen Himmel fuhr, hier herrscht seit 2000 Jahren Krieg, Gewalt, Hass und Intoleranz. *„Ist das Gottes Land?"* frage ich mich still, ohne darauf eine Antwort zu wissen oder haben zu wollen.

In der Grotte neben der offiziellen Geburtsstätte des Heilands lebte im 4. Jahrhundert 40 Jahre lang Hieronymus, der als erster eine schriftliche Darstellung der Bibel in lateinischer Sprache verfasste. Diese Bibel war über Jahrhunderte das maßgebliche Buch der christlichen Lehre.

Ich kann hier bei mehreren Altphilologen durch meine im kleinen Latinum nachgewiesenen Kenntnisse der lateinischen Sprache Punkte sammeln, indem ich in Stein gehauene Inschriften übersetze.

Als wir wieder draußen sind, füllt sich der Platz vor der Kirche. Immer mehr Menschen treffen ein, einige mit umgehängten Schnellfeuergewehren, weiter Gewaltbereitschaft signalisierend. In der Nacht werden wir Schüsse hören sowie die Sirenen der Ambulanzen, die auch hier auf dem Platz für den Ernstfall bereitstehen.

Wir fahren zurück nach Beit Jala zu einer Informationsrunde mit Vertretern der deutschen Botschaft Tel Aviv, dem Beauftragten der Bundesregierung für die Palästinensergebiete aus Ramallah, sozusagen der deutsche Botschafter in einem Land, das kein Staat ist, mit deutschen Lehrern, die hier seit Jahren unterrichten, mit christlichen und moslemischen palästinensischen Kollegen. Es herrscht eine unglaubliche Konzentration in der Runde, wir Gäste hängen an den Lippen der Referenten und Teilnehmer und spüren die Hoffnungslosigkeit für Frieden in dieser Region. Wir verstehen alle Seiten, würden vielleicht in deren Situation genauso handeln, aber das scheint Frieden unmöglich zu machen.

Nach dem Abendessen und einer weiteren Diskussionsrunde präsentiert uns CASPAR, ein deutscher Schauspieler und Rezitator, der zurzeit eine Vortragsreise in deutschen Kulturinstituten in Israel und den Palästinensergebieten durchführt, Kästnergedichte. Ich kann sie kaum ertragen, weder die *„Sachliche Romanze"* noch die *„Repetition des Gefühls"*. Bei dem Gedicht *„Ein Mann gibt Auskunft"* laufe ich hinaus in die kalte Bergluft des Heiligen Landes und ziehe stille Vergleiche mit den Protagonisten dieser Gedichte, wie gut kann ich mich hineinversetzen.

Als ich wieder hereinkomme, lassen die anderen den Abend bei einem „Arak" aus Bethlehem, einem Anisschnaps, ausklingen. Ich gehe ins Bett, kann aber lange nicht schlafen, Gedanken an die heutigen Erlebnisse, meine Traurigkeit, die Schüsse und Sirenen der Nacht, all das hält mich wach bzw. lässt nur einen Halbschlaf zu.

Am nächsten Morgen ist offiziell schulfrei, es ist moslemischer Feiertag. Ich gehe früh in den bitterkalten Morgen, stelle mir vor, hier zu leben, zu arbeiten, an wärmeren Tagen unter den Pinien oder den Olivenbäumen zu sitzen, alleine, oder besser mit jemandem, der Gedanken lesen kann und mit dem man sich austauschen kann, der dieses Land einatmen kann und vielleicht beim Ausatmen den eigenen Geist von sich gibt, der vielleicht klitzekleine Anregungen enthält, friedlicher zu leben.

Die anderen sitzen beim Frühstück, als ich hereinkomme. Es ist wie eine Familie, man kennt sich, scherzt miteinander, und lästert manchmal hinter dem Rücken der anderen.

Es gibt Seminar, Pflichtprogramm, kooperatives Lernen in Kollegien, Ankündigungen des BVA (Bundesverwaltungsamt), bis Mittag. Nach dem Essen holt uns ein Bus mit israelischem Kennzeichen für die Fahrt nach Jerusalem ab, Fahrzeuge mit palästinensischer Nummer dürfen keinen Checkpoint in Richtung Israel passieren. Unser Fahrer ist ein palästinensischer Christ, er wolle bald seiner Familie folgen, nach Kanada, erzählt er uns. Er dürfe israelisches Staatsgebiet betreten, denn er komme aus Ostjerusalem, einem Sondergebiet, außerdem besäße er wegen irgendwelcher glücklichen Umstände noch einen jordanischen Pass. Er spräche außerdem hebräisch, was bei den israelischen Kontrollen hilfreich sei, da es die meisten israelischen Soldaten – selbst, wenn sie es könnten – ablehnten, arabisch zu sprechen. Wir fahren immer wieder an dieser unendlich bedrückenden Mauer entlang, bevor wir in die Großstadt Jerusalem eintauchen. Auf einem Parkplatz der Ostjerusalemer Altstadt steigen wir aus. Wir gehen zunächst in das Paulus-Haus, das mit der Schmidt-Schule, einem deutsch geführten Gymnasium, auf einem Gelände liegt. Die Trägerschaft beider Einrichtungen ist der Deutsche Verein vom Heiligen Lande, eine katholische, in Köln beheimatete Einrichtung. Das Paulus-Heim dient als Gästehaus, kann als günstiges Quartier für Jerusalem-Besucher empfohlen werden. Wir steigen auf das Dach des Hauses und haben einen umfassenden Blick über diese so vielen verfeindeten Religionen und Konfessionen heilige Stadt. Unsere Führerin zeigt uns Golgatha, die Grabeskirche, den Felsendom, die El Aksa-Moschee, bevor wir durch das Damaskus-Tor in die Altstadt eintauchen.

Es ist Freitag, muslimischer Sonntag, wir befinden uns im Araberviertel. Es ist ein einziger Bazar. Landwirtschaftliche Produkte, Andenken, Gebrauchsgegenstände, alles wird feilgeboten, nicht anders als im Khan El Khalili in Kairo. Aber überall junge israelische Soldaten, das Schnellfeuergewehr im Anschlag, kugelsichere Westen, Headsets für den Funksprechverkehr am Kopf, eine Zigarette im Mund. Dazwischen die Muezzins von den Moscheen, die zum Gebet rufen. Unsere Führerin heißt Daniela Epstein, sie ist schon ca. 70 Jahre alt, aber unglaublich rüstig und dynamisch. Ihre Eltern sind schon 13 Jahre vor der Staatsgründung, 1935 aus Deutschland nach Israel ausgewandert, sie habe aber viele Jahre in Deutschland gelebt, erzählt sie uns. Der Weg führt uns in die Via Dolorosa, die den Leidensweg von Jesus Christus in 14 Stationen nachzeichnet. Uns begegnet eine Gruppe von Franziskanern, die eine Prozession anführen und das Kreuz nach Golgatha tragen.

Frau Epstein führt uns zunächst zur St. Anna – Kirche, wo Jesus einem alten Mann wieder zum Gehen verhalf. Er wollte an eine Heilquelle, die sich im Hof der heutigen Kirche befindet, aber weil er nur auf Krücken gehen konnte, waren andere immer schneller. *„Wirf deine Krücken fort"*, forderte ihn Jesus auf. Und der Mann konnte wieder gehen. In der Kapelle befindet sich eine polnische Pilgergruppe, sie knien und beten andächtig. Ich möchte es auch, habe so viel zu sagen, möchte um Verzeihung bitten, es gelingt mir nicht. Ich bin in einer Gruppe, aber ich fühle mich allein. War es wirklich der Weg von Jesus Christus? Man führt uns zum Berg Antonius, einem im Grün liegenden Innenhof, hier war Jesu nach seiner Gefangennahme hingeführt und gefragt worden, wer er sei. *„Der König der Juden"*, war seine Antwort, daraufhin wurde er zum Tode durch Kreuzigung verurteilt. Dann war sein Weg jener, der danach als Kreuzweg bezeichnet und von Millionen von Pilgern nachgegangen wurde. Eine der Stationen, an denen die Pilger halten, ist das Veronika-Haus. Hier kam eine Frau aus dem Haus und reichte Jesus ein Tuch, um ihm den Schweiß abzuwischen. Hinterher fand sich auf dem Tuch der Abdruck des Gesichts Jesu. *„Vera Ikonika"*, das wahre Gesicht, wurde es genannt, daher käme der Name Veronika. Dann kommen wir an den Punkt Golgatha, die Stelle, an der Christus gekreuzigt wurde. Koreanische Pilger beten hier andächtig und zusammen. Neben der Stelle ragt das Dach der Grabeskirche aus dem Boden. Wir gehen durch mehrere Abteilungen die Grabeskirche hinunter. Zuerst wieder durch die äthiopische Kirche, die Ärmste, wie man uns schon in Bethlehem gesagt hat. Ich erinnere mich an einen Taufgottesdienst eines Erwachsenen in einer Freikirche, in der die Taufe des äthiopischen Finanzministers beschrieben wird (*Apostelgeschichte 8.26 ff.*) Diese Szenen sind hier in der Kirche dargestellt. Ein äthiopischer Mönch hat einen Schalter in der Hand und jedes Mal, wenn Pilger durchgehen, knipst er das Licht an, wenn sie passiert haben, macht er das Licht wieder aus, Elektrizität ist auch in Jerusalem teuer. Wir gehen weiter, mehrere Etagen. Hier befindet sich die Grotte, in der Jesus begraben wurde, hier ist es voll, brechend voll, man wird zum Weitergehen aufgefordert, die einzelnen Abteilungen (oder christlichen Glaubensrichtungen) gehen ineinander über, leider nur auf dem Weg, nichts ist ihnen fremder als ein ökumenischer Gedanke, doch wen liebt Gott am meisten? Liebt er nicht alle Menschen, auch die Sünder? Ein bisschen ertappe ich mich, wie ich an mich denke, und bitte um ein wenig Liebe und Vergebung, möge er dies an Menschen, die gemeint sind, weitergeben. Orthodoxe Christen küssen inbrünstig den Salbungsstein, Choräle verschiedener Sprachen klingen durch die Kirchenanlage, in der sich auch sich die „Anastasia- Kapelle", der Ort der Auferstehung befindet.

Ob diese einzelnen Orte authentisch sind, ist unsicher, der römische Kaiser Adrian ließ im 2. Jahrhundert Jerusalem, die Stadt Davids, schleifen, es wurde alles dem Erdboden gleichgemacht. Mich hat dieser heiligste aller christlichen Orte bedrückt, er machte auf mich nicht den Eindruck, ein Ort des Friedens zu sein, ebenso wenig wie die ganze Stadt.

Bevor wir in das jüdische Viertel der Altstadt kommen, passieren wir die evangelische Erlöserkirche, der deutsche Kaiser Wilhelm hat sie 1891 anlässlich seines Besuchs im Heiligen Land eingeweiht. *„Gut, dass wir Protestanten auch präsent sind"*, dachte ich.

Doch auf einmal ändert sich das Straßenbild völlig. Orthodoxe Juden, die Männer schwarz gewandet, weite Hüte oder Pelzkappen tragend, gehen schnellen Schrittes durch die Gassen, Frauen, fast alle mehr als 10 Kinder im Gefolge, nach Jungen und Mädchen getrennt, folgen ihnen, auf Plätzen tanzen junge Leute, auch Soldaten mit umgehängten Schnellfeuergewehren, im Kreis. Sie alle bereiten sich auf den Sabbat vor, doch sie scheinen ihn unterschiedlich zu begehen. Für die emanzipierten Juden ist es ein Freudenfest, mit Tanz, für die orthodoxen Juden, die meist aus Russland und der Ukraine eingewandert sind, ist es eine todernste Angelegenheit. Ich denke daran, wie viele Ethnien allein im Staat Israel aufeinanderprallen, und ich frage mich, was sie einigt. Ist es nur der Feind von außen? Hat der Glauben überhaupt so viele

Gemeinsamkeiten? Wir stehen auf einem Balkon über einer Treppe, die zur Klagemauer führt. Gleich hinter der Mauer die goldene Kuppel des Felsendoms, von der Mohammed gen Himmel gefahren sein soll. *„Ist Jerusalem der Startplatz für die, die zur Rechten und Linken Gottes sitzen?"* denke ich etwas blasphemisch. Die Sonne versinkt hinter den Häusern der Altstadt, und ein Signal ertönt, das den Sabbat einleitet. Der Platz vor der Klagemauer füllt sich, auch wir werfen uns ins Gedränge und werden von den Nachfolgenden die Treppe hinuntergeschoben. Alle müssen durch eine Personenkontrolle, man weist uns daraufhin, dass Fotografieren, Rauchen und schnelles Laufen verboten sei. Ich halte mich natürlich daran und schreibe mir Notizen in mein Tagebuch. Ein Soldat kommt auf mich zu. Du darfst nicht schreiben, sagt er zu mir, das verletze die Ruhe des Sabbats. Ja, es ist Arbeit, und die ist an diesem Tag verboten. Und was ist mit Gewehr tragen? denke ich. Man drängt uns, die Klagemauer zu verlassen. Zurück geht es durch das arabische Viertel. Die Stände sind geschlossen, überall stehen schwer bewaffnete Soldaten, junge Frauen und Männer, deren Blicke ihre Bereitschaft erkennen lassen, bei Bedarf sofort zu schießen. Orthodoxe Juden gehen - nicht laufen, das ist am Sabbat verboten – zur Klagemauer. Wir verlassen die Altstadt wieder durch das Damaskustor und gehen zum kleinen Empfang in die Schmidt-Schule. Es gibt Weißwein von den Golanhöhen, Oliven, Olivenöl, frisches Brot und Satta, ein Gewürz, in dem man das in Olivenöl getunkte Brot dreht. Es schmeckt herrlich zum Wein, nur schade, dass wir gleich wieder in ein Restaurant zum Essen gehen wollen. Die palästinensische Verwaltungsleiterin der Schule erzählt uns über die Schwierigkeiten in diesem Land und dieser „Stadt des Friedens" miteinander zu leben.

Abends sitzen wir in einem Touristenrestaurant, die Preise sind wie in Hamburg, völlig ungewohnt für uns „Ägypter". Wir unterhalten uns über die Eindrücke des Tages, merken, dass wir alle uns durch diese Erlebnisse nähergekommen sind.

Zurück geht es durch diverse Checkpoints und die Mauer nach Beit Jala, heute wird kein Arak mehr getrunken, schlaftrunken gehen alle auf ihre Zimmer. Ich kann wieder nicht einschlafen, zu sehr denke ich nach über das Erlebte, zu voll ist der Kopf von Eindrücken des Tages.

15.3.08

Ich gehe gegen 7 Uhr zum Tor, durch das schon viele Schüler einströmen. Sie kommen mir Linienbussen oder werden von ihren Eltern gebracht, es gibt keinen Schulbusservice wie in Ägypten. In der letzten Nacht hätte es zwar noch Schießereien gegeben, sagt der junge Mann am Tor, aber das sei fast normal, deshalb würde die Schule nicht geschlossen. Die Schüler der Klassen 5 – 12 legen in ihren Klassen ihre Taschen ab, dann gehen sie hoch in die große Schulkirche, alle, Muslime wie Christen. Es wird auf Arabisch ein Kirchenlied gesungen, am Klavier begleitet, fast alle singen mit. Dann hält ein palästinensischer Lehrer die Andacht, er geht auf die Ereignisse der letzten Tage ein. Alle schauen sehr betroffen aus, als er von Frieden spricht, den es hier seit 2000 Jahren nicht gibt, und der auch nicht am Horizont sichtbar ist. Anschließend beten alle das Vaterunser, auch die sich in der Überzahl befindlichen Muslime. Wir sind beeindruckt, welche Einigkeit hier in dieser Kirche, in dieser Schule herrscht, hier werden Grenzen überschritten in eine bessere Zukunft. Dr. Dürr, der Schulleiter, erzählt uns hinterher, auch muslimische Lehrer und Schüler würden die Andacht halten. Es ginge hier nicht um Mission, sondern um Verständnis und Nähe in diesem zerrissenen Land.

Nach dem Frühstück halten wir Seminar, es geht um die Entwicklung des von Deutschland geförderten Schulwesens in dieser Region, sicher eine wichtige politische Aufgabe.

Gegen 11 Uhr wartet Tarek mit seinem grünen Kleinbus, er hatte uns schon gestern gefahren.

Es soll heute, an unserem letzten Tag, ans Tote Meer gehen, Badehosen mitnehmen, empfahl uns Dr. Dürr. Wir passieren die schon gewohnten Kontrollen und die Mauer auf dem Weg nach Jerusalem. Eine junge Soldatin will in unseren Pässen die Visa sehen, die wir nicht haben und brauchen, irritiert erkundigt sie sich über Funk, erst dann dürfen wir passieren. Irgendwie ist mir nie klar, in welchem Teil, dem A, B, oder C Gebiet, wir uns befinden, jeder dieser Teile der Westbank hat andere Berechtigungen für die Bewohner und die Verwaltung.

Wir fahren eine autobahnähnliche Straße nach Osten, es führt immer bergab, die Landschaft ist gebirgige Wüste. Irgendwann kommt ein Straßenschild mit dem Hinweis, dass wir uns auf der Höhe des Meeresspiegels befinden. Wir spüren an den auf einmal sommerlichen Temperaturen, dass wir uns 1000 m tiefer als in Beit Jala befinden. Aber es geht weiter bergab. Es folgen die nächsten Hinweisschilder: 100 m unter Sea-Level, bei 200 m sehen wir den nördlichen Rand des Toten Meeres unter uns, gegenüber die Berge Jordaniens. Aber es geht noch tiefer. 400 m liegt das Tote Meer unter dem Meeresspiegel, es ist der tiefste Punkt auf der Erdoberfläche. Links liegt das Jordan-Tal, der Fluss mit dem geweihten Wasser fließt nur noch als Rinnsal ins Tote Meer, zu viel Wasser wurde von Israel aus dem Fluss zu Bewässerungszwecken gepumpt, mit dem Erfolg, dass der Wasserspiegel des Toten Meeres kontinuierlich sinkt.

80 km geht unsere Fahrt am Westufer entlang, links das Meer, rechts die Berge, dazwischen die Straße und Dattelpalmen und nach 60 km ein Checkpoint, wir haben die Autonomiegebiete verlassen und sind wieder in Israel.

Irgendwann sagt Tarek, neben dem ich sitze, *„Masada"* und zeigt auf einen Tafelberg. Das ist unser Ziel. Es ist eine von Herodes gebaute Festung, die erst nach drei Jahren Belagerung von den Römern eingenommen werden konnte. Wir fahren mit der Seilbahn auf die 400 m über dem Toten Meer liegende Festung. Frieder, Altphilologe, der Flavius im Original gelesen hat, weiß uns aus den Quellentexten dieses römischen

Kriegsberichterstatters viel über diese Belagerung zu erzählen. Es gibt riesige Zisternensysteme, man hatte genügend Vorräte angelegt, konnte Gemüse und Obst anbauen und sich deshalb solange halten, erst durch einen abgesicherten Rampenbau schafften es die Römer, das Plateau zu erobern. Die jüdischen Verteidiger begingen kollektiven Selbstmord, die Erzählungen von zwei Überlebenden und die archäologischen Funde gelten als Quellen für das Leben im Belagerungszustand vor ca. 2000 Jahren.

Von oben hat man einen atemberaubenden Blick auf das Tote Meer. Wir fahren wieder runter und setzen die Fahrt fort, zur Public Beach am Toten Meer. Nur einige ziehen Badezeug an, ich lasse mir das einfach nicht entgehen und will das Baden in 37%-tiger Salzlösung genießen, etwas, das man im SALÜ-Lüneburg als teure Zusatzleistung anbietet. Es ist ein unglaubliches Gefühl. Ich stehe im Wasser, ohne mich zu bewegen, und mein Oberkörper ragt bis zum untersten Rippenbogen heraus. In der letzten Abendsonne, die die jordanischen Berge in ein prächtiges Farbenspiel tauchen lässt, lasse ich das obligatorische Bild mit der Zeitung machen, auf dem Rücken im Wasser liegen, sich nicht bewegen, Zeitung lesen und das Gefühl haben, man läge im Wasserbett. Ich schlage noch einige Salzstückchen von den Steinen ab, fülle Sand vom Strand in eine leere Flasche, und dann ist intensives Duschen angesagt, damit man sich nicht die nächsten Tage ständig jucken muss.

Viele Israelis grillen am Strand, auch hier wieder Soldaten, die selbst in der Badehose ihr Schnellfeuergewehr im Anschlag haben.

Die Dunkelheit setzt auf der Rückfahrt schnell ein, der Halbmond gibt dem Ganzen noch ein anderes, bizarres Licht, wir schrauben uns die Berge hoch, bis wir irgendwann wieder die Lichter Jerusalems vor uns haben, die goldene Kuppel des Felsendoms leuchtet weit in die Nacht hinein.

Wieder geht es durch die Mauer, es geht zum Abschlussessen nach Bethlehem in ein Zeltrestaurant. Die Tische biegen sich unter den Meze, den Vorspeisen, das Hauptgericht, die Grillplatten werden kaum zur Hälfte geschafft. Wir rekapitulieren bei Bier und Wein noch einmal die Erlebnisse der letzten drei Tage, versuchen in Worte zu fassen, was eigentlich ohne Worte war, in Beit Jala werden noch zwei Flaschen Arak leer gemacht, bevor wir die letzte Nacht in den Betten des Gästehauses von Talitha Kumi verbringen.

Um ein Zeitpolster zu gewinnen, müssen wir am nächsten Tag früh aufstehen. Und tatsächlich, die Kontrollen um den Flughafen Tel Aviv dauern unendlich. Immer wieder Checkpoints, permanente Gepäck- und Ticketkontrollen, aber wir haben noch viel Zeit zum Shoppen in diesem riesigen Duty-Free-Warenhaus des Flughafens.

Als wir das Flugzeug von Air Sinai besteigen, sehen wir auf dem Rollfeld die Maschine von Bundeskanzlerin Merkel, die just in diesem Moment zu einem „historischen" Besuch in Israel eingetroffen ist.

Pünktlich gegen 12.30 Uhr landen wir in Kairo, verabschieden uns voneinander und verteilen uns in alle Richtungen Ägyptens.

Januar/Februar 2011 - Arabischer Frühling 2011

Von 2007 bis 2011 war ich als Lehrer und Schulleiter an verschiedenen Schulen in den ägyptischen Städten Alexandria, Kairo und Luxor tätig. Im letzten Jahr meiner Tätigkeit erlebte ich die „Revolution", ausgelöst durch den sogenannten Arabischen Frühling. Ich wurde in Luxor Zeitzeuge dieser die Welt bewegenden Ereignisse.

Natürlich hatten wir in der ersten Januarhälfte von den Unruhen in Tunesien gehört, davon, dass man den diktatorisch regierenden Präsidenten Ben Ali aus dem Land gejagt hatte, natürlich war uns bewusst und bekannt, dass es in diesem Land viele Menschen gibt, die auch diesen Präsidenten, der seit 31 Jahren regierte, in die Hölle oder in ein Land, wo es ähnlich heiß ist, schicken wollten. Aber noch schien seine Position unangefochten, noch glaubte man, Ägypten sei nicht Tunesien, noch schien *„The Wind of Change"* noch nicht so heiß wie der *Chamsin*, der Wüstenwind, der 50 Tage dauert, in jedem Jahr den Winter verdrängt und dem Land die Kraft nimmt.

Die ersten zaghaften Demonstrationen, von denen wir hier im „sicheren" Luxor aus Kairo hörten, am 20.1., beunruhigten uns überhaupt nicht, auch unsere Freunde in Kairo waren nicht in Sorge. Selbst die Angehörigen der Deutschen Botschaft, mit denen einige von uns in einem ständigen Kontakt waren, gingen davon aus, dass die ägyptische Bevölkerung den Wandel nicht wolle, sicher, man werde unterdrückt, viele Menschen hungerten, die Geheimpolizei sei überall präsent, die Schere zwischen Arm und Reich ginge immer weiter auseinander, aber das Land könne zurzeit keinen Wechsel gebrauchen.

Rosalie, meine junge Kollegin, begann jedoch etwas anderes zu reden. Ihr ägyptischer Freund, der in Kairo als Journalist arbeitete und der sein Ohr dort hatte, wo die meisten nicht hinhören wollten, sagte ihr schon Anfang letzter Woche, am Wochenende würde es los gehen. Viele Menschen träfen Verabredungen über Facebook, Twitter und Blackberry-

Systeme, Papiere und Flugblätter seien durch das Internet ersetzt. Freitag, nach dem Gebet, also am 28.1. gegen 13.30 Uhr, werde es losgehen. Diese Einschätzung teilten auch politisch aktive Eltern und einige Manager der sensiblen Tourismusbranche in Luxor, andere sagten noch am Donnerstagabend zu mir, sie sähen zurzeit keinen Anlass, ihre Tagesausflüge (meist mit dem Flugzeug) nach Kairo abzusagen, es würde hier schon so weiter gehen, jeder wisse, wie wichtig Tourismus für Ägypten sei.

Freitag, 28. Januar 2011

In Luxor ist Marathontag. Mehrere Kollegen aus Alexandria sind zu Besuch nach Luxor gekommen, sie wollen die ganze oder die halbe Strecke mitlaufen, um 7 Uhr ist Start am Hatschepsut-Tempel, dort hatten 1997 Islamisten über 70 Ausländer, vor allem Mitglieder einer Schweizer Reisegruppe, dahingemetzelt und damit den Tourismus für mindestens ein Jahr zum Erliegen gebracht. Aber Tourismus sei wie eine weiße Galabiya, hatte eine Bekannte von einem Reiseleiter gesagt bekommen, sie werde schnell beschmutzt, aber wenn man sie gewaschen habe, sei sie wieder blütenrein.

Ich fahre mit Monika, einer Kollegin aus Kairo, mit dem Rad zum Startplatz, wir jubeln den Läufern, fast nur Ausländer, zu und treffen uns später mit einigen von ihnen zum Frühstück im friedvollen Garten des Marsam Hotels. Ich hatte vor unserer Abfahrt am Morgen gegen halb sieben noch meine E-Mails checken wollen, aber, wie so oft, keine Verbindung zum Server, ein Problem, dass sich normalerweise irgendwie wieder nach kurzer Zeit löst. Hier erfahre ich, dass alle in Ägypten das Problem haben, dass das Internet seit der Nacht abgestellt worden sei. Mein Telefon klingelt, eine gute Freundin aus Kairo, sie weiß, dass dies vorerst das letzte Gespräch ist, wir telefonieren über Vodafone, alle anderen Netzbetreiber hätten schon auf Anweisung der Regierung in Kairo die Mobilfunksysteme lahmgelegt, sagt sie. Wir versuchen dies zu überprüfen – in und um Luxor geht das Telefonieren, aber nach Kairo und Alexandria, selbst nach Hurghada gibt es nur die Ansage, der Gesprächsteilnehmer sei nicht zu erreichen.

Hubert, Schulleiter aus Alexandria, bekommt noch gegen 11 Uhr einen Anruf über Festnetz aus der Deutschen Botschaft in Kairo, der Sicherheitsbeauftragte versucht die Lage beschwichtigend darzustellen, nach Einschätzung der Botschaftsrunde würde es zwar Demonstrationen von Studenten und Intellektuellen geben, aber alles werde sich im Rahmen halten, die Sicherheitskräfte seien gut vorbereitet, die Bevölkerung wäre nicht zu einem Wechsel bereit. Meine Einschätzung und die einiger mit uns im Marsam sitzenden Kolleginnen und Kollegen ist anders, wenn es den Imanen in den Moscheen, von denen viele zu den radikalen Moslembrüdern gehören, gelänge, die Menschen (das bedeutet in Ägypten die Männer) nach dem um 13 Uhr schließenden Gebet auf die Straße zu bringen, wären Hunderttausende mobilisiert.

Ich bin um 14 Uhr mit meinen Kollegen, die alle ihren Halb- oder Ganzmarathon überstanden haben, im Gezira Garden, dem meinem Haus gegenüberliegenden Hotel, verabredet, um unsere neue Schule zu besuchen. Gamal, der Besitzer und seine deutsche Frau sitzen vor dem Fernseher in der Bar und schauen Al Djazira, dem einzigen Sender des Mittleren Ostens, der die Wahrheit zu verbreiten versucht. Wir sehen Bilder aus Kairo, den Tahrir-Platz, die Brücke des 6. Oktobers (Tag, an dem 1973 die ägyptische Armee den Sinai von Israel zurückerobert hat), die östliche Corniche du Nile, an der ein 5 * Hotel neben dem anderen steht. Menschen wollen auf die Brücken, ein massives Polizeiaufgebot hindert sie daran unter härtestem Schlagstockeinsatz, dem Abschuss von Gummigeschossen und Tränengas. Es scheinen immer mehr zu werden, Gehwegplatten werden herausgeholt, zerschlagen und die Steine auf die Polizisten geworfen, diese sind geschützt durch Helme und Plastikschilde, nicht aber die Demonstranten, auf die die Steine von den Polizisten zurückgeworfen werden, viele brechen blutüberströmt zusammen. Alle sind betroffen, aber, nein, in Luxor sei das nicht möglich, hier wüssten alle Menschen, wie sehr sie vom Tourismus abhängig seien. Das wolle keiner gefährden, sagt Gamal.

Wir fahren mit dem Boot den friedvoll dahinfließenden Nil aufwärts, sind nach einer halben Stunde an unserer Schule und ich mache meine Führung. Hubert, der ein Satellitendiensttelefon besitzt, dessen Netzzugang nicht von ägyptischen Behörden abgeschaltet werden kann, wird von der Verwaltungsleiterin seiner Ordensschule in Alexandria, Schwester Claudia, angerufen. Sie stände auf der Dachterrasse der Schule, drunten in der Salah el Din Straße tobe der Mob, es sei wie im Krieg, berichtet sie, die Hubert später als sonst immer völlig unaufgeregt schildert, mit Tränen in der Stimme.

Wir sind betroffen. Auf der Rückfahrt sehen wir über der Eastbank dicke Rauchschwaden, ich vermute zunächst, dass der Gouverneurspalast brennt, später erfahre ich, dass die Mubarak Bibliothek in Brand gesetzt wurde. Als wir wieder im Gezira Garden sind, sehen wir an den Bildern, dass sich auch in Kairo die Lage verschärft hat. Immer mehr Menschen sind auf der Straße, jetzt auch viele Frauen, die Nebelschwaden der Tränengasgranaten lassen kaum noch deutliche Bilder zu. Die Freunde aus Alex wollen zum Flughafen, da die Corniche auf der Eastbank gesperrt sei, nehmen sie einen Wagen, der Luxor weiträumig umfährt. Später erfahren wir, dass sie gut zum Airport gekommen sind, ihr Flug nach Kairo pünktlich abhob, sie dort im Flughafengebäude aber die Nacht verbringen mussten, da wegen der erlassenen Ausgangssperre dort keine Möglichkeit bestand, nach Alexandria zu fahren, dort kommen sie erst am nächsten Mittag an.

Ich sitze den ganzen Abend mit Monika in meiner Wohnung vor dem Fernseher, wir schauen CNN, Al Djazira bekomme ich nicht. Die Lage in Kairo spitzt sich zu. Man sieht den Feuerschein von immer mehr brennenden Autos und Gebäuden. Die Zahl der Menschen, die die Ausgangssperre ignorieren, nimmt zu, und auf einmal rollen die ersten Panzer ein, von den Menschen freudig begrüßt. Die Armee genießt Vertrauen, fast jeder hat in ihr gedient, sie werden als Brüder angesehen. Es wird von vielen Toten aus Alexandria berichtet, auch in Suez, Port Said, Ismaelia und vielen anderen Städten habe es schwere Unruhen gegeben.

Gegen Mitternacht gehe ich ins Bett, schalte aber gleich am nächsten Morgen wieder CNN ein.

Samstag, 29. Januar .2011

Die Unruhen müssen schrecklich gewesen sein. In Alexandria standen Straßenzüge in Flammen, Geschäfte, auch die DSB-Schule, denen der Halbmarathonläufer Hubert vorsteht, wurden geplündert. Die Bilder zeigen, dass das Militär alle wichtigen Punkte der Stadt sichert, von der Bevölkerung mehr freudig begrüßt und nicht als Gegner gesehen. Aber auch aus anderen Städten kommen Schreckensmeldungen, Überfälle von Polizeistationen, Räumen der Waffenarsenale, Flüge internationaler Fluggesellschaften werden gecancelt, Hunderte stranden am Kairoer Flughafen, widersprüchliche Aussagen der Botschaft, besorgte Anrufe aus Deutschland, nicht funktionierende Bankautomaten, Bargeldknappheit (nicht bei mir, ich kriege meine Auslagen in bar erstattet), kein Internet, damit wenig Information, El Djazira auf Arabisch wird ab-, die Mobilnetze nach Kairo werden jedoch wieder frei geschaltet, das Versenden von SMS bleibt allerdings unmöglich.

CNN ist meine einzige Informationsquelle. Können wir am Sonntag Schule halten? Ich halte den Ort für sicher, abends kommt die Nachricht von der Deutschen Botschaft, dass die deutschen Schulen bis auf weiteres geschlossen bleiben sollen. Also rufe ich alle Eltern und Kollegen an, sie haben dafür tiefstes Verständnis. Einige der Kollegen haben Angst.

Am Abend fahre ich noch durch Luxor. Seitenstraßen sind abgesperrt und durch ein starkes Polizeiaufgebot geschützt, auf einigen Straßen liegen Steine, die wohl vorher von Demonstranten als Munition genutzt wurden. Meine Augen beginnen zu brennen, das eingesetzte Tränengas liegt noch in der Luft. Am Platz vor dem Luxor-Tempel haben sich einige Hundert Menschen zusammengerottet und ziehen durch die

Straßen, zerstören Scheiben, rufen unterschiedliche Parolen, einige halten Koranverse hoch, andere Nasserbilder, die alten Feinde verbindet die Solidarität der Straße, nach dem Sieg werden sie sich wieder in die Haare bekommen. Am „Old Winterpalace", dem Traditionshotel, ist Militär aufmarschiert, ein alter T 76 Panzer steht einige Hundert Meter entfernt am Eingang zur Corniche. Der Winterpalace ist ein Regierungsgebäude, an die „Sofitel"-Gruppe verpachtet, die Soldaten haben sich im Abstand von drei Metern mit aufgepflanzten Bajonetten rund um das Gebäude postiert.

Am Tag sind die Gefängnisse geöffnet worden, mehr als 6000 Kriminelle seien frei, das Gerücht der Straße sagt, dass es die Regierung getan hätte, gleichzeitig sei die Polizei in die Kasernen zurückbeordert worden, man wollte ein Sicherheitsvakuum schaffen. In den großen Städten werde nach Einbruch der Dunkelheit geplündert, da die Polizei nicht mehr zu sehen ist, haben sich die Bürger bewaffnet, um ihre Häuser zu schützen. Ich koche mit Monika, die nicht nach Kairo zurückkommt, einen „Curfew"-Eintopf, wir wiederholen dabei immer wieder das neu gelernte Wort für Ausgangssperre. Tobie, unsere kalifornische Mitarbeiterin ruft noch an und teilt mir mit, dass sie ihre amerikanischen Freunde aus Istanbul vom Flughafen abgeholt habe, allerdings sei ihr Taxi mit Steinen beworfen worden, ein Stein hätte sie fast am Kopf getroffen.

In der Nacht schlafe ich fest und tief, ich höre weder die Gewehrschüsse noch die angeblichen Randalierer, die auch um unser Haus gezogen sein sollen.

Sonntag, 30. Januar 2011

Ich fahre nach dem Frühstück in die Schule, es ist um diese Morgenstunde wie immer ruhig, auf der Fähre allerdings reden die zur Arbeit auf die Westbank fahrenden Männer hitzig über die Ereignisse der letzten Tage. In der Schule sitzt unsere neue Security Mohamed, er machte seinen ersten Dienst, nachdem sein Vorgänger Abdul in die Nachtschicht strafversetzt wurde. Er erklärt mir, alles sei ruhig, er würde aufpassen.

Ich arbeite einige Stunden an Verwaltungsaufgaben, bekomme vom Schulträger auf Nachfragen den Hinweis, dass ich das Geld für die Gehälter der Mitarbeiter holen könne, zahle es an mehrere Kolleginnen, die ich ins Sonesta-Hotel bestellt habe, aus. Einige der Kolleginnen haben Panik, sie sprechen davon, sich ausfliegen zu lassen. Mittags haben Jugendliche in den Straßen Sperren errichtet, sie übernehmen die Funktion der verschwundenen Polizei, kontrollieren Autos, sind mit Eisenrohren oder Holzknüppeln bewaffnet, fragen auch mich auf meinem Fahrrad, wohin ich wolle, sie lachen, freuen sich, sind stolz, dass sie auf einmal das Gewaltmonopol der Polizei übernehmen können.

Zu mir nach Hause kommen mit Tobie Lisa und Danny, ihre amerikanischen Freunde. Wir trinken Bier, unterhalten uns über Istanbul, sprechen ein wenig Türkisch, sehen gemeinsam CNN und machen noch Scherze über die Situation.

Wir gehen an den Nil in ein Grillrestaurant, genießen den friedvollen Blick über den Fluss zum Luxor-Tempel, essen einen Mixed Grill und trinken Limonensaft. Später gehe ich mit Monika zu Elli, einer seit vielen Jahren hier ansässigen Deutschen und schaue ZDF „Heute" Nachrichten. Kairo ist die Topmeldung. Gerhard Ossenberg, ZDF-Korrespondent in Kairo, wagt sich für sein Statement auf die Straße und verkündet, einzig die Amerikaner könnten durch Druck auf das Militär zu einer Lösung der Krise verhelfen. Auch ich bin der Meinung, dass in der derzeitigen Situation nur eine Übergangsregierung des Militärs zu Stabilität und Neubeginn führen könne. Ich trinke mit dem ebenfalls anwesenden Andreas, der mit seiner Frau Ilka zu Besuch ist (sie hatte den Sommerkurs für die Schule in Luxor geleitet) Ouzo, wahrscheinlich um uns der Illusion hinzugeben, diese Vorfälle entspannter sehen zu können.

Zuhause noch eine Runde CNN, aber ich schaue nicht mehr genau hin, immer ähnliche Bilder, meist aus einem dem Nil zugewandten Balkonzimmer des „Four Season" Hotels gefilmt.

Für mich wieder eine Nacht ruhigen und entspannten Schlafes. Allerdings lasse ich den Ventilator an, um die Aktivität der Mücken zu unterbinden, die sich in meinem Zimmer eingenistet haben.

Montag, 31. Januar 2011

Das mit der ruhigen Nacht war ein Trugschluss. Ich hatte nur wegen des laufenden Ventilators die Geräusche von draußen nicht wahrgenommen. Monika, die im Nebenzimmer wohnt, erzählt mir von Schüssen, mit Eisenstangen und Knüppeln bewaffneten Männern vor dem Haus, laut kläffenden Hunden und starken Schlägen gegen unsere eiserne Eingangstür. Ich hatte nichts gehört, stattdessen meinem Sohn und meiner Schwester über mein deutsches Handy eine SMS (dort funktioniert dieser Dienst noch) geschickt: *„Wir hatten eine ruhige Nacht"*. Es beruhigt die Heimat, war aber offensichtlich nicht so. Ich bekomme von Tobie die Nachricht, dass sie der Aufforderung ihrer Botschaft nachkommen wolle, auszureisen, sie müsse nach Kairo kommen, dort würden Charterflugzeuge bereitstehen, die amerikanische Staatsbürger zumindest bis Europa ausfliegen würden. Sie hatte die Schüsse gehört (wie sich später rausstellte, waren es nur die Warnschüsse von den Bürgerwehren, die sich in Ermangelung von Polizei formiert hatten, um die Häuser vor möglichen Plünderern zu schützen), sie hatte in der Nacht immer wieder mit ihrer Mutter in San Francisco telefoniert, die die CNN-Bilder aus Kairo und Alexandria vor Augen hatte, die auf Sensationen und Einschaltquoten aus sind und deshalb nicht davor zurückschrecken, das Drama schlimmer darzustellen als es ist. Die Situation in Luxor ist anders, trotz der geschilderten Zustände.

Ich fahre mit Andreas in die Schule, überall ist es ruhig, die Polizei ist zum Teil auf ihre Posten zurückgekehrt, wir werden mit unserem Auto aber überall durchgewinkt.

Ich bin inzwischen dabei, eine Liste für die deutsche Botschaft mit Namen, Handynummern, Wohnort und E-Mail zu schreiben, denn offensichtlich hat man in Kairo keine Ahnung, wie viele und welche Deutsche in Luxor dauerhaft leben, das gilt auch für andere Gebiete am Roten Meer. Am Abend werde ich diese Liste mit Ingrid von der „Kleinen Pyramide" komplettieren. Andreas richtet in der Schule unseren virenverseuchten Computer neu ein, unser Schulträger Dr. Ashraf erscheint und spricht mit mir das weitere Vorgehen ab. Nach Möglichkeit wollen wir die Schule Sonntag wieder eröffnen, auch als Zeichen, dass wir zur Normalität übergehen wollen (und müssen). Er bietet den Kollegen, die sich in ihren Wohnungen fürchten, an, bis zur Beruhigung der Lage ins Sonesta Hotel zu ziehen. Ich informiere sie telefonisch. Auf dem Rückweg kaufen Andreas und ich noch Bier und Wein in Luxor, auch eine Form von Hamsterkauf. Die Lage ist ruhig, viel Betroffenheit ist in den Gesichtern der Menschen zu erkennen, sie wirken viel freundlicher und ehrlicher, vielleicht wollen sie die letzten Ausländer, die noch in der Stadt sind, nicht auch noch verprellen.

Monika und Tobies amerikanische Freunde sind im Karnak-Tempel, anschließend fahren sie bis auf Monika ins Tal der Könige, berichten anschließend, dass sie dort, wo schon sonst morgens Tausende herumlaufen, fast allein in den Gräbern gewesen sind.

Ich telefoniere nach Hamburg, muss dann allerdings anschließend mein Telefon aufladen. Hier in Luxor gibt es diese Möglichkeit noch, in Kairo gibt es so gut wie keine neuen Telefonkarten, der Nachschub funktioniert nicht mehr. Ich bezahle in dem kleinen Internetcafé mit viel Kleingeld für die Hunderterkarte, merke dann aber, dass ich doch eine Hundertpfundnote habe und lege sie dem Verkäufer hin. Als ich mit meinem Rad wieder zurück nach Hause fahren will, läuft dieser hinter mir her. *„Du hast es nicht gemerkt, dass du das Geld liegen gelassen hast"*, sagt er mir lächelnd, *„aber Allah sieht es"* (dabei schaute er zum Himmel), *„ich will dir auch noch weiter in die Augen schauen können"*, und er gibt mir das Geld. Auf einmal merke ich, dass ich wieder an die Menschen in diesem Land glauben kann, zumindest an einige. Ein anhaltendes Lächeln legt sich auf mein Gesicht.

Trotz Ausgangssperre treffen wir uns am Abend im Fayrouz, einem Gartemrestaurant. Tobie wirkt etwas entspannter, hoffentlich ist ihre Entscheidung zur Ausreise noch zu revidieren.

Zu Hause noch 10 Minuten CNN, dann falle ich gegen 10 Uhr todmüde in mein Bett, aber diese Nacht nehme ich einzelne Schüsse (kein Feuergefecht) wahr, ebenso sehe ich vor dem Nachbarhaus Männer mit Knüppeln und Messern, sie suchen offensichtlich Plünderer. Und überall kläffen die Hunde…

Dienstag, 1. Februar 2011

Ich wache gegen sechs auf, Gezira liegt ruhig, nur die Hähne krähen wie jeden Morgen. Ein Blick vom Balkon zeigt mir, dass der Ort noch schläft. Der Nil fließt ruhig auf die Brücken in Kairo zu, auf denen sich wieder Tausende in der vergangenen Nacht versammelt hatten. Ich will die Liste mit den Deutschen in Luxor, die ich am Tag zuvor erstellt habe, nach Kairo faxen, vom Gezira-Garden Hotel gelingt mir das. Inzwischen hat mir Tobie mitgeteilt, sie werde ausreisen. Wir treffen uns an der Fähre, sie ist zusammen mit ihren amerikanischen Freunden, die über Kairo nach Beirut wollen. Tobie will erstmal in deren Wohnung in Istanbul ausharren. Es gelingt allen dreien tatsächlich einen Flieger nach Kairo zu bekommen, man nimmt sie sogar ohne Bezahlung mit. Ich fahre nach dem Abschied traurig durch das ruhige Luxor zur Schule, atme wie jeden Morgen in diesen Wintertagen die frische Luft des unverbrauchten Tages ein und kann ein wenig entspannen. In der Schule treffe ich unseren ägyptischen Mitarbeiter Mr. Feyiz, der dort weiter an seinem Auftrag arbeitet, unserer Schule zu einer Lizenz zu verhelfen.

Das wird jetzt sicher immer schwieriger. Sicher hat der Schulträger seine Entscheidung, eine Schule zu eröffnen, schon unzählige Male bereut, aber bis jetzt steht er zu ihr.

Immer wieder ruft die Botschaft an, fragt mich zur Situation in Luxor, zur Lage am Flughafen, zu ausreisewilligen Deutschen. Die Botschaftsmitarbeiter dort in Zamalek wurden in den letzten Tagen massiv angegiftet von Deutschen, die endlich aus Kairo und Alex herauskamen, aber ihre Situation ohne Internet und Mobilfunknetze war schon extrem schwierig, jetzt arbeiten sie rund um die Uhr und tun alles, den Menschen zu helfen. Immer wieder versuche ich ins Internet zu gehen, denn es heißt, es solle wieder eingeschaltet werden. Der internationale Druck ist besonders bezüglich dieses Themas unglaublich hoch. Die Geldautomaten sind alle Internet-gekoppelt, keiner kann mehr Geld aus den Automaten ziehen, die Banken bleiben geschlossen, die einzige Wechselstube wurde von Randalierern überfallen und bleibt jetzt ebenfalls verbarrikadiert. Inzwischen bin ich für viele zur Bank geworden, ich habe noch relativ große Mengen Bargeld in meinem Safe und „tausche" zum Teil auch ohne Gegenwert, allein gegen das Versprechen, ich würde es irgendwann wiederbekommen.

An diesem Tag bleibe ich bis drei in der Schule, ich gehe noch zu Elli, die Andreas und Ilka zu Besuch hat und trinke mein Nachmittagsbier. Sie wollen am Donnerstag ausreisen, wissen aber noch nicht, ob sie einen Flug bekommen, im Moment ist noch unklar, ob Air Berlin oder andere deutsche Gesellschaften Luxor noch anfliegen werden. Ich lade die drei am Abend zum Essen auf meinen Balkon ein. Zu Hause bei mir hat Monika Spaghetti mit Tomatensauce gekocht, ich esse es und genieße die „Ruhe" auf meiner Terrasse. Zur Entspannung beginne ich jetzt für das Abendessen zu kochen. Es gibt Roastbeef (uruguayische Qualität, nicht besonders zart, ich hatte es am Morgen aus dem Freezer genommen), eine Gemüsepfanne mit Blumenkohl, Paprika, Zwiebeln, Tomaten, Salzkartoffeln sowie eine braune Soße, die mir sehr gut gelungen war. Alle essen mit Genuss, als wenn es morgen nichts mehr geben würde. Wir trinken Grand Marquis dazu, einen passablen ägyptischen Rotwein, sind gut gelaunt. Als Rosalie, meine junge Kollegin, die mit Tobie bis zum Morgen zusammenwohnte, noch zu uns kommt, empfinde ich unser Verhalten auf einmal als dekadent.

Wir erhalten von Tobie telefonisch die Nachricht, sie müssten am Flughafen Kairo die Nacht verbringen, am nächsten Morgen könne sie nach Istanbul ausfliegen.

Als die Gäste gegangen sind, schaue ich mit Monika noch CNN. Die Pro-Mubarak Demonstranten haben sich formiert, sie sind mit Hunderten von Pferden, Kamelen und Fuhrwerken durch die Demonstranten auf dem Tahrir-Platz geritten bzw. gefahren, haben Peitschen geschwungen und mit Knüppeln geschlagen. Mubarak hält noch eine Rede im Fernsehen, er sagt, er wolle im September nicht ein weiteres Mal für das Amt des Präsidenten kandidieren. Auch diese Nacht schlafe ich wieder gut und fest.

Mittwoch, 2.Februar 2011

Ich werde bereits um halb sechs von einer Mitarbeiterin der Botschaft herausgeklingelt, sie möchte Informationen über ausreisewillige Deutsche und Infos zum Flughafen. CNN berichtet über weitere Straßenschlachten in der Nacht, die Polizei in Kairo ist immer noch nicht präsent, nur das Militär stellt sich zwischen Mubarak-Gegnern und Befürwortern, ohne jedoch einzugreifen. Ich hatte geglaubt, dass die Armee die Macht übernehmen würde (und halte es in der derzeitigen Situation für die einzig sinnvolle Lösung), aber es gibt bisher keine Anzeichen dafür. Monika und ich gehen zum Frühstück ins Gezira Garden, es sitzen noch einige Gäste dort, Franzosen und Italiener. Monika, die sowieso zum Flughafen will, um sich nach Kairo-Flügen zu erkundigen, bekommt von mir den Auftrag, sich über Kontaktpersonen, Telefonnummern und Abfertigungsmodalitäten schlau zu machen. Sie leistet an diesem Morgen gute Arbeit, ihr Charme, die blonden Haare, blaue

Augen und ein Stück Unverfrorenheit, gepaart mit gesundem Selbstbewusstsein, lässt sie ohne Bakschisch zu den wichtigsten Personen vordringen. Schon auf dem Weg zur Schule gibt es die ersten telefonischen Updates von ihr.

In der Schule ist kein Strom, ich kann auch nicht richtig arbeiten. Gegen 11 Uhr bekomme ich von Kate, einer Hotelmanagerin im Sonesta und Mutter eines unserer Schüler, den Anruf: *„Internet geht wieder!"* Mein PC hat noch Batteriecharge, auf einmal bin ich wieder mit der Welt verbunden. „Nur" 24 Mails, ich bin ein wenig enttäuscht über geringes Interesse meiner Mitmenschen, mache mich sofort an das Verschicken von Meldungen. Immer wieder Anrufe der Botschaft, Rosa ist auch in der Schule, gegen 3 Uhr gehen wir. Ich fahre zum Einkaufen, völlig normale Situation, kein Preisanstieg im Supermarkt, schwer bepackt will ich mit Rad und mit meinem taubstummen Bootskapitän über den Fluss setzen. Mitten auf dem Nil setzt der Motor aus, er kriegt ihn nicht wieder in Gang. Ein gerade ablegendes Nilschiff verfehlt uns mit dem Heck um ca. 2 cm. Er will Hilfe holen, hat auch ein Handy, aber wie macht das ein Taubstummer? Er wählt eine Nummer, gibt mir das Handy, aber der Teilnehmer am anderen Ende versteht mich nicht. Wir winken ein anderes Boot herbei, es geht längsseits und schleppt uns ans Westufer. Wir versuchen, mein Fahrrad und die Einkaufstüten sicher an Land zu bringen, dann fahre ich nach Hause. 5 Minuten später höre ich undefinierbare Laute von unten. Es ist mein Kapitän mit meinem Rucksack in der Hand, mit Computer, Geld, Papieren, schon wieder ein Grund, weiter an Ägypten zu glauben.

Ich koche mit Monika ein chinesisches Pfannengericht mit Glasnudeln, dann fahren wir ins Marsam-Hotel, einerseits, um eine kleine Radtour zu machen, andererseits weil es dort ein W-Lan gibt. Monika und ich bearbeiten an meinen beiden Laptops E-Mails und informieren uns im Internet über die Situation, die sich in Kairo offensichtlich zuspitzt. Ich bekomme einen Anruf von einem Mitarbeiter des Auswärtigen Amtes, der aus Berlin eingetroffen ist, dass er im Winterpalace am Abend

Informationen für Deutsche weitergeben würde. Er bittet mich, andere Deutsche zu informieren, das tue ich. Ich mache mich um halb acht über den Fluss zum Winterpalace auf, mit mir kommen Ilka und Andreas, die unbedingt ausreisen wollen. Viele verunsicherte, aufgeregte und aufgebrachte Touristen sind dort, ein paar Veranstalter, Stühle sind im Old Victorian Tea Room aufgestellt, vorne nehmen der GM vom Winterpalace, der Mitarbeiter des AA und ein Bundespolizist mit Kairo-Erfahrung Platz. Herr Scheer, der AA-Mitarbeiter, versteht es, sich der Klagen, Beschwerden und Befindlichkeiten der Verunsicherten anzunehmen, Lösungen anzubieten und Ängste zu nehmen. Innerhalb des nächsten Tages wird es ihm und seinen Mitarbeitern gelingen, mehrere Hundert Deutschen entweder über Hurghada oder Luxor hinauszubringen.

Wir fahren wieder zur Westbank, trinken bei Elli, die auch am Donnerstag ausreisen will, noch ein Bier, schauen zu Hause bei mir noch CNN, immer das gleiche Ritual, und dann falle ich todmüde ins Bett.

Donnerstag, 3. Februar 2011

Ich checke und beantworte meine E-Mails, chatte mit einigen Personen in SKYPE, endlich wieder mit der Welt verbunden, frühstücke und mache mich auf den Weg in die Schule. Schreibe den Eltern einen Brief, dass wir am Sonntag wieder mit der Schule beginnen wollen, auch den Kollegen, um sie zu beruhigen, lasse aber auch die Option, per Rundruf bei veränderter Situation abzusagen.

Fahre zu Dr. Ashraf, dem Schulträger, spreche mit ihm die Lage durch, er will, dass wir die Schule nur öffnen bei 0% Risiko. Das gibt es nicht, wir wollen am Samstag wieder darüber reden, ob wir noch absagen werden.

Mehrfach rufen mich deutsche Staatsbürger an, ich leite sie weiter zu den AA-Mitarbeitern, die sich am Flughafen um die Rückführung von vielen Hundert Touristen verdient machen. Rosa und Monika sind auch in der Schule, sie sprechen über ihr Grundschulmaterial.

Gegen 2 Uhr fahren wir zurück, der Schweizer Rundfunk DRS 1 macht
ein Telefoninterview mit mir zur Lage in Luxor, abends werden wir die
Sendung über Internet hören, aber meine Beiträge werden nicht verwendet. Ich fühle mich schlecht, die Thunfischpizza aus dem Fayrouz
liegt mir im Magen, zu viel Adrenalin, der Abbau kostet dem Körper
und dem Geist Kraft. Ich gehe ins Bett, Monika ist noch unterwegs, um
11 höre ich sie, sie saß mit dem Fahrradvermieter Mohamed, trank Tee
und unterhielt sich mit ihm über brisante Themen wie Frauenbeschnei-
dung, Habibis von 80-jährigen Europäerinnen und die Rolle der Frauen
in Oberägypten. Mit mir hat Mohamed immer nur über Fahrräder geredet. Nachts bleibt es ruhig.

Freitag, 4. Februar 2011

Ein ruhiger Morgen, noch ruhiger, weil die Touristenboote und Busse
an der Corniche der Westbank fehlen, ebenso wie die das Morgenbild
sonst prägenden Heißluftballons. Monika und ich gehen ins meinem
Haus benachbarte Hotel Gezira Garden zum Frühstück, anschließend
hole ich gegen 10 Uhr die auf vier Personen verstärkten Mitarbeiter des
AA und der Bundespolizei ab, sie kommen mit einem Boot vom Winterpalace über den Nil. Zunächst gehen wir nach drüben ins Hotel „Gezira Garden", dort sitzen ein individuell reisendes Ehepaar aus Hamburg in meinem Alter sowie zwei Herren, die über eine Reiseagentur
gebucht haben. Dem Ehepaar verhilft das AA-Team zu einem Transfer
nach Hurghada am selben Tag, von wo noch täglich Flugzeuge in Richtung Deutschland gehen. Dann gehen wir durch das Dorf ins Fayrouz,
dort sitzen noch einige Deutsche aus Göttingen, die auch ausreisen wollen. Auch ihnen wird geholfen. Die nächste Station ist das Marsam, zu
dem wir auf der Pritsche eines Sammeltaxis fahren. Dort befinden sich
noch Archäologen, unter anderem der Leiter des Deutschen Archäologischen Instituts in Kairo, einen weltweit anerkannten Spezialisten, der
mehrere Kriege zwischen Ägypten und Israel im Land erlebt hat und
durch nichts zu erschüttern ist. Er erzählt mit Leidenschaft von seinem

derzeitigen Projekt, der Ausgrabung eines 400 t schweren Kolosses, der mit Luftkissen aus 8 m Tiefe des Nilschlamms an die Oberfläche befördert wurde und jetzt gedreht und aufgerichtet werden muss. Die Grabstätte hinter den Memnon-Kolossen ist nur wenige Meter vom Marsam entfernt. Die anwesenden Archäologen wollen bleiben, Ausreise kommt für sie nicht in Frage.

Wir haben Schwierigkeiten sofort ein Taxi oder Minibus zu bekommen, ein Bus mit den letzten französischen Touristen hält an, die Reiseführerin will uns bis an die Abzweigung zur Brücke mitnehmen, doch dann entdeckt uns ein Peugeot-Taxi mit einer dritten Sitzbank, das uns alle bis zur Westbank-Fährstation bringt. *„Wie in Kairo"*, stellt der Bundespolizist fest, der ein Jahr zuvor Dienst an der Deutschen Botschaft in Kairo gemacht hatte.

Die AA-Leute fahren rüber, wir gehen zunächst in die Wohnung, es ist inzwischen 12 Uhr, Zeit für das Freitagsgebet. Auf dem Tahrir-Platz in Kairo knien Zehntausende friedvoll, zwischen ihnen die Panzer der Armee.

Monika und ich nehmen die Computer, fahren ins Marsam, essen Mittag und nutzen dort wieder den freien Internetzugang, ich telefoniere mit Wolfgang, meinem alten Stockwerksnachbarn aus Kairo, über SKYPE und gebe ihm meine Hintergrundinformationen. Auf dem Rückweg lädt uns Mohamed, der Fahrradvermieter, zu einem Tee ein und erzählt uns spannende Geschichten von der Westbank…

Abends kommt Rosalie zu uns, es scheint ruhig in Kairo geblieben zu sein, die Menschen haben an diesem Tag friedlich demonstriert und die meisten haben am Abend den Midan Tahrir, den Platz der Freiheit, verlassen. Wir kochen gemeinsam eine Shrimps-Suppe, dann bringen Monika und ich Rosa durch das ruhige Gezira nach Hause, wir kaufen noch bei unserem „Franzosen" (ein französisch sprechender Lebensmittelhändler) an der Corniche Jogurt und gehen wieder auf unser Dach.

Nachts ruft mich meine Tochter Daniela aus San Francisco an, sie hatte mit Tobies Mutter gesprochen, sie soll am Sonnabend bei sich zu Hause ankommen.

Sonnabend, 5. Februar 2011

Außer den Mücken in meinem Schlafzimmer war es eine ruhige Nacht.

Ich frühstücke mit meinem letzten Schwarzbrot, Rührei und Tomate auf der Terrasse. Gegen 10 ruft einer der AA-Herren an, er will mir noch Geld aus einem Wechselgeschäft am Vortag geben und fragt mich, ob er noch meine Schule besichtigen könne, er würde gerne mit dem Fahrrad mitkommen. Um 10 holen wir ihn vom Winterpalace ab, sein Fahrrad hatten wir bei Mohamed geliehen und es über den Nil geschifft. Unsere Schule gefällt ihm sehr, er müsse für seine junge Familie ja vorplanen, wenn er wieder langfristig auf Auslandsposten versetzt werde.

Ich fahre dann ins Sonesta, um mit dem Schulträger über die vorgesehene Öffnung zu sprechen, er will nicht, trotz der positiven Sicherheitslage in dieser Stadt. Er befürchtet politische Entscheidungen in Kairo, die alles wieder kippen lassen. Ich werde den ganzen Nachmittag alle Eltern und Kollegen wieder anrufen und ihnen mit Bedauern die Verschiebung mitteilen.

Wir fahren mit den zwei AA-Mitarbeitern und dem Bundespolizisten ins *Fayrouz*, bestellen im friedvollen Garten ein gutes Mittagessen. Es kommt zu interessanten Gesprächen mit Hintergrundinformationen über Berlin, positive und negative Eigenarten von Ministern, über einzelne Länder, in denen die Männer Dienst gemacht haben. Monika moderiert geschickt mit ihrer Schweizer Neutralität und ihrem weiblichen Charme, es ist ein netter Nachmittag an einem schönen Ort. Auf dem Rückweg ruft mich Claudia, die mit ihrem deutschen Mann für zwei Monate auf dem Dach eines benachbarten Hauses wohnt und seit Jahren nach Luxor kommt, an und lädt mich zu einem Bier ein. Auch sie wollen bleiben, machen sich aber Sorgen, ob ihr geplanter Rückflug stattfinden wird. Am Abend schaue ich CNN, es werden endlich Hintergrundinformationen geliefert über das Land Ägypten, die Geschichte und die Abhängigkeiten in den verschiedenen Epochen. Irgendwann muss ich Monika den Computer entreißen, um auch einmal meine E-Mails abzurufen. Ihre Facebook-Sucht beginnt mich kribbelig zu machen. Ich schlafe gut ein, beginne jedoch später wieder den Krieg gegen die Mücken...

Freitag, 11. Februar 2011

Ich glaubte am letzten Samstag, wie viele Ägypter, die Revolution würde sich verlieren so wie das Wasser des Nils verdunstet oder im Wüstensand versickert. Wir mussten zwar auf Empfehlung (oder Anweisung) die Schulschließung um eine weitere Woche verlängern, aber in Luxor ging das normale Leben weiter. Die Menschen schalteten wieder auf FOX TV oder Dubai 1 um, die amerikanische Filme mit arabischen Untertiteln ausstrahlen, CNN berichtete nur sporadisch aus Ägypten, und meine Internetradiostation NDR Info brachte das Thema z.T. überhaupt nicht mehr, Gerhard Ossenberg lag mit seinen Einschätzungen im ZDF auch nicht immer so richtig, und Monika beschäftigte sich mit dem Rückflug nach Kairo, den sie am Sonntag antrat. Ich ging morgens in die Schule, auch alle anwesenden Mitarbeiter waren da, wir räumten um und auf, befestigten alle Billy-Regale, deren geringe Standfestigkeit vor allem ein Problem für die kleinen Kinder war, wuschen Vorhänge, räumten alle Ordner und Schränke aus und anschließend auf und waren der festen Überzeugung, alles sei überstanden, am Sonntag würde es weitergehen. Die DEO in Kairo, nicht weit von der Innenstadt in Dokki gelegen, sollte am Mittwoch öffnen (tat sie tatsächlich am Donnerstag, schloss bereits aber nach zwei Stunden wieder), viele Lehrer hatten die Absicht, am Wochenende nach Ägypten zurück zu kommen. Ich tauschte mit Kollegen in Kairo und Alex Revolutionsberichte aus, merkte, dass besonders Alex die Hölle und für viele – vor allem Familienangehörige – traumatisch war. In Luxor war nichts, das Leben ging weiter, es wurde gearbeitet, die Menschen waren freundlich, man spürte ihre Not, ihr Entsetzen. Der Vater von Mohamed, einer der Jungens aus dem Marsam, war am Sonntag gestorben, er ist der älteste, hat fünf Geschwister, er muss jetzt für die Familie sorgen. Er weinte vor Verzweiflung, als er darüber redete, er wisse nicht, wie es weiter gehen solle. Rainer aus Hamburg (er hatte mich im Sommer zuvor in Kairo und Luxor besucht) bat mich, einige der Jungens aus dem Marsam, die ihm ans Herz gewachsen waren, zu unterstützen, das tat ich gerne, weil ich die Sorgen der Jungen und ihrer Familien vor Augen hatte.

Nach dem Dienst in der Schule verteilten wir den Kindern Aufgaben, nach-mittags kamen immer einige auf mein Dach, um mit mir und Rosa Probleme bei den Hausaufgaben zu besprechen. Die Abende verbrachte ich meist im Fa-yrouz, traf dort noch den letzten verbliebenen AA-Mitarbeiter, der aber am nächsten Tag ein neues Betätigungsfeld in Hurghada übernehmen sollte, dort seien noch viele Deutsche vor Ort.

Die Woche plätscherte so dahin, Bilder vom Tahrir erweckten eher den Ein-druck eines mehrtägigen Open Air Rock-Festivals, nichts Aufregendes pas-sierte und ich glaubte ernsthaft, wir könnten am Sonntag zur Normalität mit normalen Schulbetrieb übergehen. Rosa wollte nach Minja zur Familie ihres Freundes fahren, ganz wohl war mir dabei nicht, sie versprach mir aber am Sonntag bestimmt zurück zu sein.

Mittwochabend gegen 10 jedoch ruft mich unser ägyptischer Repräsen-tant an. Er hätte die Meldung erhalten, dass alle Schulen in Ägypten frühestens am 20.2.2011 wieder öffnen dürften. Für mich ist es enttäu-schend, die Kinder brauchen die Schule, die Eltern wünschen es, wie sollen wir Schulgeld verlangen, wenn wochenlang Schule ausfällt?

Ich spreche am nächsten Tag mit meinen Kollegen einen Plan durch, ein Vater bietet seinen Garten und sein Restaurant am Nil an, um Unterricht außerhalb der Schule zu gestalten. Ich schreibe wieder eine Mail an alle Eltern, hoffe sie am nächsten Tag nicht widerrufen zu müssen.

Am Nachmittag schalte ich nach Tagen wieder CNN ein. Claudia, eine Freundin aus Kairo, die seit 2 Wochen kaum aus ihrer Wohnung her-ausgekommen ist, weist mich telefonisch darauf hin, dass sich etwas tut.

CNN berichtet, dass der CIA-Chef hätte verlauten lassen, dass Mubarak
am Abend zurücktreten werde, eine Rede von Obama aus Michigan, in
der er darauf hinweist, dass an diesem Abend Geschichte in Ägypten
geschrieben werde. Die Fernsehbilder zeigen immer mehr Menschen,
die zum Tahrir kommen, die Vorfreude lässt sie tanzen und singen, sie
skandieren immer wieder, dass Mubarak aus dem Amt gehen solle,
wird live übertragen. Analysten äußern die Vermutung, dass am Abend
das Militär die Macht übernehmen werde, um das Sicherheitsvakuum
auszufüllen. Auch ich erwarte Mubaraks angekündigte Rede, die auf
dem Vorwege von vielen Kommentatoren als „Rücktrittsrede" bezeichnet wird.

Um 22.30 Uhr erscheint Mubarak auf dem Bildschirm: Versteinertes
Gesicht, blauer Anzug, gestriegeltes, schwarz gefärbtes Haar, er beginnt, liest ab, hebt kaum seinen Blick in die Kamera, geschweige denn
seine Stimme, und sofort wird die Enttäuschung der ebenfalls einge-
blendeten Menschen auf dem Tahrir-Platz (dort wird die Rede offensichtlich auf Großbildleinwände projiziert) auf ihren Gesichtern deutlich, vielen ist der Zorn, der sie nach der Vorfreude erfasst, deutlich an-
zumerken. Mubarak tritt nicht zurück, er übergebe einige Amtsbereiche
seinem Vizepräsidenten Süleyman, aber er stehe zu seinem Wort, er
bleibe bis September im Amt. Empörung macht sich bei den Menschen
auf dem Tahrir breit, aus Alex wird berichtet, viele Tausend hätten sich
auf der Corniche gesammelt und würden in Richtung eines Armee-
hauptquartiers marschieren. Die Menschen in Kairo marschieren ebenfalls, sie würden in Richtung staatliches Fernsehen gehen, andere würden auf dem Weg zu Mubaraks Amtssitz in Heliopolis sein, wird in
CNN berichtet. Inzwischen tritt ein zweiter Redner angeblich live auf:
Vizepräsident Süleyman fordert die Menschen auf, nach Hause zu gehen, er würde den Dialog führen, den Wandel einleiten und Reformen
durchsetzen. Inzwischen wird auch immer wieder auf das Vermögen
Mubaraks und seiner Familie hingewiesen, es soll sich um 70 Mrd. Dol-
lar handeln, eine unvorstellbare Summe, die einen Staatshaushalt sanie-
ren könne.

Ich chatte noch mit anderen, die auch gebannt am Fernseher gesessen haben, sie alle können ihre Enttäuschung nicht verbergen.

Am Morgen des 11. Februar wache ich vom Baulärm um mein Haus herum auf. Ich ahne nicht, dass dies der Tag der Entscheidung sein wird. In Luxor geht der Betrieb, der allerdings um seine Haupteinnahmequelle, den Tourismus, reduziert ist, weiter. Ich mache mich zu einer Radtour auf und frühstücke im Marsam-Hotel, erfahre von den dort verbliebenen Archäologen, dass es auf der Eastbank nach Mubaraks Rede Demonstrationen gegeben hätte, während auf der Westbank alles ruhig gewesen sei.

Ich bleibe den ganzen Vormittag im Marsam, rede mit Natascha, der Managerin über die Situation. Sie hat nur noch acht Gäste, die Einnahmen reichen nicht, um die „Jungens", das Personal zu bezahlen. Sie musste die meisten nach Hause schicken, natürlich kriegen sie auch keinen Lohn, manche, wie Mohamed, dessen Vater in der letzten Woche gestorben ist, muss jetzt für seine Mutter und fünf jüngere Geschwister sorgen, das von ca. 500 Pfund im Monat, ca. 70 €.

Das Mittagsgebet ist zu Ende, ich bin gespannt, was uns der Tag bringen wird. Ich esse noch Mittag im Marsam und fahre dann mit meinem Rad wieder runter zum Nil. Auch nach dem Gebet ist es ruhig, ich kaufe noch ein und schalte zu Hause den Fernseher ein. CNN kündigt an, dass Vizepräsident Süleyman sowie der oberste Armeerat eine Erklärung abgeben wollen. Auf dem Tahrirplatz in Kairo versammeln sich immer mehr Menschen. Immer wieder wird eingeblendet, dass Mubarak sich in Sharm el Sheik, dem Sinaibadeort am Eingang zum Golf von Akaba aufhalten soll, er also nicht mehr in Kairo ist. Die Menschen sind nicht nur auf dem Tahrir, sondern belagern auch das Gebäude des staatlichen Fernsehens ca. 2 km vom Tahrir entfernt. Auch der Präsidentenpalast in Heliopolis wird von Tausenden von Menschen eingekreist, beide Gebäude sind vom Militär umstellt und gesichert.

Gegen 17.25 Uhr gibt Vizepräsident Süleyman folgende Erklärung im staatlichen Fernsehen ab:

"Unter diesen schwierigen Umständen, die das Land derzeit durchmacht, hat Präsident Husni Mubarak entschieden, das Amt des Präsidenten niederzulegen. Er hat das Militär damit beauftragt, die Amtsgeschäfte zu leiten.

Als sich die Nachricht verbreitet, geht ein unbeschreiblicher Jubel durch die Menge auf den Straßen Kairos, immer mehr Menschen machen sich zum Tahrir auf. Ich gehe zu einem deutschen Ehepaar aufs Nachbardach, als um 19.30 Uhr folgende Erklärung von einem Mitglied des Obersten Militärrats abgegeben wird:

Der Oberste Militärrat bestätigt die Übernahme der Macht in Ägypten. Das Oberkommando werde den Willen des Volkes erfüllen. Ein Sprecher dankte Mubarak. Den Menschen, die bei den Protesten getötet wurden, bezeugte er mit einem militärischen Gruß Respekt. Sie hätten ihr Leben für die Freiheit Ägyptens gegeben. (Quelle: spiegel life ticker)

Und wenig später gibt CNN immer wieder folgende Meldung durch:

Die Schweiz hat Vermögenswerte eingefroren, die möglicherweise Husni Mubarak gehören. Das sagte ein Sprecher des Schweizer Außenministeriums. Um welche Summen es sich handelt, wollte der Sprecher nicht mitteilen.

Mubarak soll die unvorstellbare Summe von 70 Milliarden $ an Vermögenswerten angesammelt haben, dies Vermögen soll er dem ägyptischen Volk gestohlen haben, behaupten Kommentatoren.

CNN spricht an diesem Tag erstmals nicht mehr vom Aufstand (*uprising*), sondern von Revolution, denn die Veränderung wurde von unten, vom Volk her, vorgenommen, mit Gewalt, der mit Gegengewalt geantwortet wurde. Unbestätigte Berichte sprachen von 800 Toten innerhalb von 18 Tagen.

Der Tahrirplatz ist eine Partymeile, bis in den Morgen wird getanzt, gesungen, sich gefreut, alle haben die Hoffnung auf ein besseres Ägypten, Inschallah!

CNN lässt noch irgendwann in der Nacht das Schriftband „*Mission accomplished*" über die Bildschirme laufen. Mir verursacht es eine Gänsehaut, denn der George W. Bush hatte es nach dem militärischen Sieg über den Irak auch verwendet, aber das Leiden und der Tod hat bis heute nicht aufgehört. Mögen die Ägypter eine ruhige Zukunft haben!

Samstag, 12. Februar 2011 (Epilog)

Das Volk hat den Sieg bei der Revolution davongetragen. Das Volk sind die Menschen in Kairo und Alexandria, Suez und Port Said. Den Menschen in Luxor war es eher gleichgültig. Sie wollen ihre Ruhe haben, wünschen sich, dass die Touristen bald zurück sind, damit sie und ihre Familien weiterleben können.

Es gab hier keine Freudendemonstrationen, man blieb offensichtlich zu Hause. Heute Morgen, am Tag danach, laufe ich den Nil einige Kilometer aufwärts. Das Wasser ist in den letzten zwei Tagen zurückgekommen, man lässt in Aswan jetzt wieder mehr Wasser durch den Staudamm - vielleicht kann es auch jetzt dem Land zum Neuanfang verhelfen, so wie es der Nil schon 6000 Jahren tut. Beim Einkaufen in der Stadt waren wieder viele Menschen unterwegs, die Preise sind wieder normal, die Erzeugnisse frisch vom Feld, die Welse beim Fischhändler leben noch und zucken in der Auslage. „*Drei bis vier Wochen*", sagt Gamal, Besitzer des Gezira Garden Hotels, „*dann ist alles wieder beim Alten*".

Inschallah!

18. und 19. April 2014 - Tagebuchaufzeichnungen während eines Iran-Besuches

Seit Dem Tod der Iranerin Mahsa Amini am 22. September 2022 gibt es im Iran permanente Unruhen und Demonstrationen von vor allem jungen Menschen, die unzufrieden mit dem autoritären und gewalttätigen Mullah-Regime sind. Die Berichte erinnern mich an eine Szene, die ich im April 2014 in Teheran anlässlich einer Reise mit deutsch-iranischen Freunden erlebte. Hier meine Tagebuchaufzeichnungen über zwei Tage in Teheran.

Ich gehe einige Hundert Meter den Berg hoch, mit vielen anderen, die ihren Körper am Feiertag ertüchtigen, in Trainingszeug, darunter viele Paare.

Gegen acht treffen wir uns zum Frühstück, auch Khalil Rastar, unser Gastgeber, kommt bereits mit frischem Obst und Wasser, Rührei, Fladenbrot, abgepackter Marmelade. Ich habe ziemlichen Hunger, am Abend zuvor hatten wir ja auf Essen verzichtet. Zu trinken gibt es Tee und gesüßten Nescafé.

Gegen halb zehn treffen wir uns am Bus, es geht durch den Teheraner Frühling zu den ehemaligen Palästen von Schah Reza Pahlevi. Ich bin verwundert, wie respektvoll man damit umgeht. Nachdem die Schah-Familie 1978 vertrieben wurde, soll er zunächst zerstört und geplündert worden sein, heute betrachtet man es jedoch als Bestandteil der Geschichte. Natürlich ist alles prunkvoll, aber es ist der verflossene Charme der 60-er und 70-er Jahre.

Das Museum ist gut besucht, vor allem von Mädchenschulklassen, die in ihrer dunkelblauen Schuluniform wie ein Heer von Ameisen wirken, kommt man dichter ran, hört man von allen Seiten das Kichern, wie man es von 12 – 15-jährigen Mädchen gewohnt ist.

Jasmina, Scharis älteste Tochter, knüpft zu ganz vielen Mädchen Kontakt, man schart sich um sie und spricht miteinander Englisch, Jasmina allerdings schon viel besser als ihre iranischen Kolleginnen, sie erzählt mir später, dass sie letztes Jahr bei Verwandten in Kanada war.

Gegen halb 1 treffen wir uns wieder am Ausgang, fahren dann zum Lale-Hotel, dem vorrevolutionären Interconti, einem der wenigen ***** Hotels im Iran. Khalil hat zum Essen eingeladen, auch den „religiösen Flügel" seiner Familie (seine Schwester, Ehemann, zwei Töchter, deren Kinder). Diese Frauen umarmen keine Männer, geben ihnen auch nicht die Hand, aber sie sind betont kommunikativ. Sie haben angesehene Berufe (eine Nichte von Khalil ist Professorin, ein Neffe Architekt, der andere ist bei der Stadtverwaltung für den Ausbau der Verkehrswege zuständig).

Das Essen findet im Restaurant im 11. Stock statt, ein Büfett, viele warme und kalte Speisen, alles sehr wohlschmeckend, mit einem freundlichen Service, bestehend aus Kellnerinnen und Kellnern. Zu trinken gibt es unter anderem alkoholfreies Holsten, welches in Teheran unter Lizenz gebraut wird.

Wir fahren nach dem Essen noch in den Stadtpark, wo sich am moslemischen Sonntag viele Menschen aufhalten. Sie sitzen auf Bänken, liegen auf den Wiesen, verzehren ihre mitgebrachten Speisen, viele Mädchen lernen, viele Frauen sind allein oder zu zweit dort, einige scheinen sich für ihre Prüfungen vorzubereiten.

Um 5 Uhr müssen wir in einem Theater sein, wo eine Festveranstaltung stattfindet, sie soll an das Eisenbergwerk erinnern, das Khalil (er wird hier nur „der Ingenieur" genannt) in den 60-er Jahren aufgebaut und bis zur Revolution geleitet hat. Es werden viele Reden gehalten, viele PowerPoint–Präsentationen werden mittels Beamer auf die Leinwand projiziert, uns übersetzt ein Dolmetscher die Reden simultan.

Die Veranstaltung zieht sich, gegen 20 Uhr ist es zu Ende, und wir machen uns mit dem Bus auf den Weg zu einer Party, zu der Khalil eingeladen hat. Sie findet nicht in einem Restaurant, wie wir angenommen haben, statt, sondern im 11. Stock eines Bürohauses, in einem Großraumbüro. Schon am Empfang serviert man uns Whisky, Arak oder Wein, fast alle nehmen gerne einen Drink. Hier trägt keine Frau ein Kopftuch, alle zeigen ihre wundervoll frisierten Köpfe, hier tragen dieselben Frauen, die bei der Veranstaltung eben noch einen längeren, wenn auch eleganten, figurbetonten Überwurf anhatten, die kürzesten Miniröcke, sind z. T. bauch- und schulterfrei, Die Bedienung wirkt etwas sehr auffällig, grell geschminkte Frauen, in ihren Bewegungen grazile Männer, die kleine Snacks und weitere Getränke reichen.

Irgendwann beginnen viele zu tanzen, ausgelassen, lasziv, freudvoll.

Gegen Mitternacht kommt das Essen, wieder ein Buffet, viel Fleisch und Reis, Salate, ich sündige noch mal.

Dann fahren wir mit drei Taxis ins Hotel, ich mit Jasmina und Eduard, noch einmal eine Stunde durch das 24 Stunden belebte Teheran, das Ganze für umgerechnet 3,50 €, die Dienstleistungen sind für uns wirklich erschwinglich!

Gegen 1 Uhr bin ich in meinem Bett, von dem ich noch auf die Lichter der Stadt schaue, aber dann doch ganz schnell einschlafe.

Reibe am nächsten Morgen um 6 meine Augen, drehe mich noch einige Male im Bett, bevor ich langsam richtig wach zu werden beschließe.

Der Himmel ist leicht verhangen, die Sonne wagt sich nicht richtig durch, als ich hinausgehe, wartet Eduard schon auf einen Begleiter, der in die Treppen hochführt.

Wir setzen uns unter den Schirm, warten auf Frühstück, Schari bringt uns frische Gurken und Saft, langsam treffen auch die anderen ein, irgendwann auch Farsaneh, die mit einem Taxi von der Wohnung ihres Vaters anreisen musste. Auch der Reiseleiter Reza ist schon da, der Abfahrtstermin wird immer weiter verschoben. Gegen halb 11 ist es soweit, wir sitzen im Bus, wollen heute Vormittag ins Schigebiet von Tochal, hier liegen die Lifte dem Stadtgebiet am nächsten. Es geht in nordwestliche Richtung, nach einer Stunde sind wir an der Station auf 1900 m Höhe. Es führt eine Gondelbahn nach oben, 6 Sitzplätze pro Gondel. Sie hält an verschiedenen Stellen, wir fahren bis zum Ende der ersten Etappe auf 2900 m. Hier ist es merklich kalt, wir setzen eine Mütze auf und holen die Jacken aus den Rucksäcken, und bevor wir in die nächste Gondel nach oben steigen, machen wir einen kleinen Rundgang und schauen auf den unter uns im Dunst liegenden Millionenmoloch Teheran.

Die zweite Gondel führt uns auf fast 4000 m, hier sind wir mitten im Schnee, der zwar durch die Mittagssonne etwas sulzig geworden ist, der Schiläufer und Snowboarder jedoch nicht davon abhält, weiter mit Sesselliften bis 4500 m hochzufahren, um die Abfahrt anzutreten. Es sind viele Ausländer dort, im „Lonely Planet" steht, dass am Samstag und Sonntag der „Diplomatentag" auf den Schipisten sei.

Die Liftanlagen sollen im letzten Jahrzehnt der Schahzeit entstanden sein, also in den 70-er Jahren. Dann galt nach der Revolution 10 Jahre lang das Schilaufen als sittenwidrig, erst in den 90-er Jahren begann es wieder als sittenkonform zu gelten, Frauen mussten allerdings seinerzeit im Tschador fahren. Heute sieht man auf den Pisten immer wieder lange offene Haare, die „Sittenwächter" machen sich nicht die Mühe, soweit oben in den Bergen Delinquenten gegen das Verhüllungsverbot aufzuspüren.

Die Sonne verhüllt sich dafür immer mehr, es zieht ein eisiger Wind über das Schneefeld, trotzdem spüre ich Lust, auch hier irgendwann einmal das Schilaufen auszuprobieren. Wir entscheiden uns, wieder runter zu fahren, auf der Mittelstation wollen wir umsteigen, doch man sagt uns, "technische Probleme" hätten dazu geführt, dass die Gondeln erst wieder in einer halben Stunde fahren würden. Wir vertreiben uns die Zeit mit Teetrinken und Kekse essen, bevor wir uns in die Reihe der ebenfalls auf die Abwärts-Gondel wartenden Schiläufer und Snowboarder einreihen.

Während der Fahrt wird es auf einmal wieder schlagartig warm, unten auf 1900 m Höhe entblättern wir uns wieder alle, bevor wir in den wartenden Bus steigen.

Ein Museumsbesuch muss ausfallen, weil ein in Teheran weilender Staatspräsident vor uns Vorrang hat und das Haus deshalb für alle anderen Besucher geschlossen ist. Also bringt uns der Bus zu einem Basar im nördlichen Teheran. Ich gehe mit Eduard und Farsaneh durch das Gewühl. Der Basar ist mit einem modernen Einkaufszentrum verbunden, eine besonders große Vielfalt gibt es im Bereich der Bekleidung, vor allem in den Gängen mit Schuhen. Aber auch die Vielzahl an Gemüse- und Gewürzständen beeindruckt besonders mich. Bei einem Griller essen wir Leber-Nieren- und Herzspieße und trinken dazu einen Dugh.

Als wir wieder auf der Straße sind, erkennen wir einen Auflauf von Menschen. Um einen weißen Toyota-Kleinbus mit grüner Umrandung und Blaulicht sammeln sich eine Vielzahl von Menschen. Einige schwarzgewandete Frauen im hochgeschlossenen Tschador führen andere Frauen ab und setzen sie in den Bus, weil unter deren angedeuteten Kopftüchern zu viel Haar zu sehen ist oder ihre Jacken zu kurz sind. Die Frauen wehren sich, haben aber keine Chance. Als der Wagen losfährt, klammert sich eine Frau, offensichtlich eine Freundin der Festgesetzten, an die Beifahrertür, beschimpft die Polizisten und spuckt in den Wagen hinein. Viele Menschen, die stehengeblieben sind, protestieren ebenfalls lautstark. Wir diskutieren darüber und erfahren, dass die Frauen „nur" zur Wache gebracht werden, dort werden ihre Personalien festgehalten, die Familie wird informiert und sie müssen vom Vater, Bruder oder Ehemann abgeholt werden. Ich bin schockiert, besonders nach den Erfahrungen des letzten Abends auf der Privatparty.

Ich bleibe nachdenklich, als wir uns durch den Verkehr zu unserem Hotel kämpfen.

Heute, wenn ich die Berichte von den aktuellen Unruhen aus dem Iran sehe, muss ich immer wieder daran denken, wie sehr ich damals berührt war und welche ohnmächtige Wut auch in mir aufkam.

22. September 2022 – Besuch der Gedenkstätte „Konzentrationslager Auschwitz"

Dies war eines der letzten Ereignisse, bei dem ich eine Gänsehaut bekommen habe, aber nicht vor Freude wie manchmal in meinem Leben, sondern ich hatte ein Gefühl der Wut und tiefer Scham, obwohl die Ereignisse, die dazu geführt hatten, fast 80 Jahre zurückliegen…

Ich bin 1947 geboren, fast zwei Jahre nach dem Ende des 2. Weltkrieges und der Naziterrorherrschaft in unserem Land. In meiner Kindheit wurde ich vor allem durch Friedhofsgänge mit meiner Mutter an diese Zeit erinnert, denn ihre Eltern – meine Oma und mein Opa – fielen 1944 einem Bombenangriff in unserer Heimatstadt Hamburg-Harburg zum Opfer, und Onkel Rudi, der Bruder meines Vaters und Vater meiner Cousine Silke war im selben Jahr in Russland gefallen.

Ansonsten wurde bei uns zu Hause nicht viel über den Krieg gesprochen, doch manchmal hieß es abfällig, wenn über Personen geredet wurde *„er ist ein alter Nazi"* oder *„die hatte was mit einem Nazi"*.

Über die Vernichtung von Juden erfuhr ich wohl erst später. Ich wusste nur, dass die Familie meiner Mutter jüdische Freunde hatte, die allerdings nach Amerika ausreisen und so dem Holocaust entkommen konnten, aber manchmal hörte ich auch in der Familie abfällig klingende Bemerkungen über Menschen wie *„das ist ja auch ein Jude"* oder man mokierte sich über angebliches jüdisches Aussehen.

Erst als ich mich für Zeitungslektüre interessierte, erfuhr ich etwas über die Verbrechen der Nationalsozialisten. Ich nahm in den 60 – er Jahren die ersten Kriegsverbrecherprozesse wahr, es begann mit der Entführung des SS-Obersturmbannführers Adolf Eichmanns durch den israelischen Geheimdienst Mossad 1960 aus Argentinien, mit seinem von mir aufregend empfundenen Prozess in Jerusalem bis hin zu seiner Hinrichtung in Ramla 1962. Das war auch die Zeit, als ich mich in diesem

Zusammenhang für die Entstehung des Staates Israel interessierte, und ich erfuhr zwangsläufig etwas über die Pläne des Hitler-Regimes, *„die jüdische Rasse auszurotten"*. Dann las ich Berichte über die Wannsee-Konferenz, in der Eichmann Protokollant war, sowie über die nach Kriegsende stattfindenden Nürnberger Kriegsverbrecherprozesse. Im Geschichtsunterricht meines Gymnasiums (der mich grundsätzlich sehr interessierte) erfuhren wir alles von der Steinzeit bis zum Ende des 1. Weltkrieges, dann war Schluss. Über den zweiten Weltkrieg erfuhren wir etwas durch unsere Lehrer, die an diesem Krieg als Soldaten – meist Offiziere – teilnahmen, manche waren auch nach vielen Jahren traumatisiert, sie zeigten uns die Schrecken auf, andere stilisierten sich zu Helden durch Aussagen wie *„da haben wir es dem Iwan gezeigt"*, ein anderer ganz Harter mit vielen Schmissen aus seiner Studentenzeit, trug voller Stolz seine Fliegeruhr und berichtete von seinen Kriegseinsätzen als Jagdflieger und den erfolgreichen Abschüssen feindlicher Flugzeuge.

Über Vernichtung der Juden und der Verfolgung anderer Volksgruppen sprach nur einer, und mit ihm besuchten wir auch das sich auf Hamburger Gebiet befindliche ehemalige Konzentrationslager Neuengamme. Die Schilderungen unseres Führers, einem ehemaligen Häftling dieses KZ, (ich war damals 16 Jahre alt) trieben nicht nur mir und anderen Schülern, sondern auch dem genannten Lehrer die Tränen in die Augen. Auf Reisen (z.B. 1963 in Ägypten, später auch in der Türkei, aber auch in den ländlichen Gebieten des Mittelwestens der USA) ließen mir Äußerungen von Menschen dieser Länder, die die Gräueltaten der Nazis verherrlichten und mir als Deutschem dazu gratulierten, die Schamröte ins Gesicht treiben, und ich wagte schon früh Widerspruch und spürte ob dieser Verehrung Beklemmung in meiner Brust. Aber ich erlebte auch das Gegenteil: als 14-jähriger auf einer Klassenfahrt nach England, als 15 -jähriger auf einer Radtour in Schweden, wo man uns Halbwüchsige als Nazis bezeichnete. Uns, die wir glaubten, nichts mit den Taten unserer Väter und natürlich auch Mütter) zu tun zu haben, und von denen wir aus ihren spärlichen Erzählungen auch nur wussten, dass sie selbst unwissend gewesen seien und nichts mit den Nazis zu tun hatten.

Ich wurde in den 70-er Jahren selbst Lehrer an einer Haupt- und Realschule, unterrichtete in meinen Klassen auch das Fach Geschichte, welches ich nicht chronologisch aufbaute, sondern an dem festmachte, was man fassen konnte: aktuelle Nachrichten, die immer einen geschichtlichen Bezug hatten, an Stätten und Orten, die man besuchen konnte, Dinge, die man anfassen konnte, und Menschen, mit denen man sprechen konnte. Auch ich ging mit meinen Schülern nach Neuengamme, lud Menschen ein, die den Naziterror selbst erlebt hatten, Kommunisten, Sozialisten, Sinti (von denen übrigens etliche ihrer Kinder unsere Schule besuchten) und Juden, die der Deportation entgangen und ins Exil gegangen waren.

Wir lasen im Deutschunterricht „Anne Frank" sowie „Und damals war es Friedrich", schauten den Film „Abraham – ein Versuch" über bedingungslosen Gehorsam, machten Experimente wie im Buch/Film „Die Welle". Ich spürte bei Schülern, zunehmend Kinder aus Migrantenfamilien, Betroffenheit, die auch bei mir noch immer weiter zunahm.

1994 kam Steven Spielbergs Drama „Schindlers Liste" in die Kinos. Meine Betroffenheit bezüglich des Ausmaßes des Holocausts an jüdischen Menschen wuchs noch weiter. Ich nahm Hitlers Polenfeldzug, die Besatzung dieses Landes, Informationen über die Stadt Krakau sowie Auschwitz, mir natürlich schon als Schreckensort bekannt, im vollen Bewusstsein und zusammenhängend wahr.

In den folgenden Jahren wurde Spielbergs Film zum Standardmedium meines Unterrichts über die die Nazizeit. Ergänzt wurde mein Wissen des Schreckens durch meine Besuche im KZ-Buchenwald, ebenfalls einem Ort des tausendfachen Todes, aber Auschwitz und Krakau waren mir bis zur letzten Woche nicht real gegenwärtig.

So war ich sehr froh, dass meine Kollegin Marta aus Krakau, mit der zusammen ich im Sommer 2022 in Kursen des Goethe-Institutes Deutsch als Fremdsprache unterrichtete, mich in ihre Stadt einlud.

„Was möchtest du in Krakau unbedingt sehen und besuchen?" fragte sie mich bei der Planung der Reise. *„Es ist schon seit langem ein Herzenswunsch von mir, nach Auschwitz zu kommen. Ich habe so viel darüber unterrichtet, soviel Trauer erzeugt und selbst darüber Tränen vergossen, dass ich es einmal mit eigenen Augen sehen, spüren und in mir aufnehmen möchte"*, antwortete ich ihr. Sie selbst sei als Schülerin vor mehr als 35 Jahren dort gewesen, erzählte sie, und sie wollte diesen Ort nie wieder sehen.

Wir vereinbarten einen passenden Termin für die Krakau-Reise, ich buchte einen Flug und einige Tage später teilte mir Marta mit, sie hätte für den 22.9. um 12 Uhr eine deutschsprachige Führung im Lager Auschwitz-Birkenau gebucht, nicht nur für mich, auch für sich selbst, schrieb sie, sie hätte es sich überlegt und wolle doch mitkommen.

Am 20.9. kam ich in Krakau an, am nächsten Tag besuchten wir zunächst die Innenstadt und fuhren dann in das Otto-Schindler-Museum, beherbergt in der ehemaligen Topffabrik „Deutsche Emaillierwerke", in der Schindler „seine Juden" beschäftigte, um sie vor der Deportation und damit ihrer Ermordung zu retten. Dieser mehr als zweistündige Besuch vertiefte meinen geschichtlichen Hintergrund über die deutsche Besatzung im „Generalgouvernement Polen" und der Diskriminierung und Verfolgung vor allem der jüdischen polnischen Bevölkerung in Krakau und anderen Orten des Landes.

Als ich aus dem Museumsdunkel heraustrat in das zwar regnerische, aber trotzdem reale, bunte Krakau musste ich meine Augen reiben; es war dieselbe Stadt, nur annähernd 80 vergangene Jahre zwischen den Bildern des Museums und der heutigen Wirklichkeit.

Am nächsten Morgen brachen wir gegen 10 Uhr auf zu unserer Ausfahrt nach Auschwitz, der Regen peitschte gegen die Windschutzscheibe, der Himmel ließ kein blaues Loch offen, und in Schweigen fuhren wir die

70 km über Autobahn und danach in unzählige Roundabouts, bis uns ein reger Verkehr mit vielen Bussen neben den Hinweisschildern für Parkplätze anzeigte, dass wir das Außenlager Birkenau erreicht hatten. Wir gingen zu Fuß einige Hundert Meter vom Parkplatz zum Eingang, das heißt, wir brauchten uns nur in der Menschenmenge, die dem Eingang zustrebte, treiben lassen. Marta ließ den ausgedruckten QR-Code ihrer Reservierung für die deutschsprachige Führung scannen, wir bekamen unsere Tickets sowie Kopfhörer und das Empfangsgerät für die Stimme unseres Führers, der leise, aber in unserem Kopfhörer gut zu verstehen, in sein Mikrofon sprach. Unsere deutschsprachige Gruppe bestand aus circa 30 Personen, der Führer erklärte uns mit seiner klaren, getragenen Stimme, dass er manchmal Gruppen mit über 200 Personen durch das ehemalige Vernichtungslager führen müsse.

Wir bewegten uns auf das Tor zu, über dem in schmiedeeiserner Schreibschrift der pervertierte Satz *"Arbeit macht frei"* zu lesen ist. Dann waren wir in dem größten Konzentrations- und Vernichtungslager, das je auf europäischem Boden gestanden hat und das auch als Synonym für Holocaust und Völkermord steht. Wir folgten unserem Führer auf den gekiesten bzw. asphaltierten Wegen zwischen den Backsteinhäusern, die äußerlich alle einander gleichen. Wir erfuhren, dass Auschwitz das größte der zur Vernichtung der Juden dienende Lager war. Kamen mit den Zügen neue Transporte – nicht nur aus Polen, sondern aus fast allen, von den Deutschen besetzten osteuropäischen Ländern, begann die mehr willkürliche Selektion. Die gesund und arbeitsfähig Erscheinenden wurden aussortiert, die anderen wurden zur „Desinfektion" geschickt. Alle mussten ihr spärliches Hab und Gut, ihren noch eventuell vorhandenen Schmuck wie Ringe oder Ketten abgeben, die für die „Desinfektion" vorgesehenen mussten sich komplett ausziehen und wurden in einem der Gebäude in die im Kellergeschoss liegenden Räume getrieben. Dort wurden die Räume luftdicht abgeschlossen, und durch die Schornsteine wurden Dosen mit Zyklon B geworfen, die Schornsteine wurde anschließend verschlossen. Nach ca. 20 Minuten hatte das Gas seine Wirkung getan, alle Menschen waren vergiftet.

Nach einer Belüftungsphase mussten die Kapos (vom Begriff Korporal, Unterführer, Bezeichnung im KZ für die zwangsweise zum Dienst verpflichteten Häftlinge, die glaubten dadurch ihr Leben zu retten oder verlängern zu können) den Leichen das Zahngold herausbrechen und den Frauen die Haare abschneiden, sie anschließend in einen danebenliegenden Raum bringen und sie dort in die Brennöfen werfen, während in den Gaskammern bereits eine neue Gruppe von Häftlingen ermordet wurde. Die Knochen wurden zermahlen, die Asche anschließend auf den Feldern verteilt.

Im Laufe der Jahre wurde dieser Prozess immer mehr optimiert, wenn zunächst erst nach 20 Stunden der Tod eintrat, so dauerte es zum Schluss nur noch die genannten 20 Minuten. Ein Vorgang, um die Vernichtung der in immer größerer Zahl ankommenden Juden zu beschleunigen.

Bei der Selektion wurde nur ein kleiner Teil für die Zwangsarbeit ausgewählt. Eine weitere Gruppe wurde für medizinische Versuche unter Leitung des später in Südamerika untergetauchten Dr. Mengele ausgewählt. Diese „Experimente" führten letztlich fast immer zum Tod. Ausgewählt und zunächst verschont wurden auch Juden mit besonderen Fähigkeiten, z.B. Musiker, die in einem Lagerorchester die SS-Leute und auch ihre zum Teil in Lagernähe wohnenden Familien unterhalten mussten. Auch einige Sportler wurden selektiert, so wurde am Rande des inneren Lagers ein Swimmingpool mit einem Trampolinbrett gebaut. Hier sollten die inhaftierten Spitzenschwimmer und Kunstspringer das am Poolrand in Liegestühlen liegende Personal durch Wettkämpfe und Sprungfiguren belustigen, wohl wissend, dass sie schon bald in den nur 150 m entfernten Gaskammern landen würden. Beim Rundgang standen nicht nur mir, auch vielen anderen Tränen in den Augen, Tränen der Scham, der Verzweiflung, der Ohnmacht, aber auch Tränen der Schuld. Dies hielt an, als wir durch die oberen Räume gingen, wo in riesigen Vitrinen der Schuhe, die Koffer, die Kleider der Ermordeten übereinandergeschichtet lagen. Besonders betroffen standen wir vor der Vitrine mit den Frauenhaaren. Viele dieser Dinge wurden zur Weiterverarbeitung an entsprechende Einrichtungen versandt, wo sie, wie zum Beispiel das Frauenhaar, für Rüstungszwecke, hier dem U-Boot-Bau, verwandt wurden. Wir sehnten uns nach frischer Luft, es war kaum auszuhalten in diesen Räumen des Todes, der Vernichtung, des millionenfachen Mordens, und das Gefühl kollektiver Trauer beschlich die ganze Gruppe, sicher auch noch verstärkt durch die getragenen, einfühlsamen Erklärungen unseres Führers. Mit ganz langsamen Schritten bewegten wir uns nach zwei Stunden dem Ausgang zu, wir nahmen in den vielen Hundert Menschen der anderen Gruppen die gleiche Betroffenheit wahr, wir spürten das Fragezeichen in ihrem Inneren, das hinter dem Wort „*Warum?*" stand, genauso wie bei Marta und mir. Wir gaben unsere Kopfhörer und Empfangsgeräte ab, sprachen kein Wort, aber wussten, dass wir alle das Gleiche dachten und fühlten. Das „*Warum?*" hatte sich in unserem Köpfen eingebrannt, und auf dem Weg zum Shuttle-Bus, der uns in das Ankunftslager führte, waren wir nur betroffen, ich der, der Deutsche, der sich für die Schuld seiner Väter mitverantwortlich fühlt (trotz der „Gnade der späten Geburt", wie Bundeskanzler Kohl es einmal anlässlich eines Besuches in Israel nicht besonders geschickt ausdrückte), und Marta, die Polin, deren Land wie kaum ein zweites von den Deutschen besetztes unter der Okkupation litt.

Das "Ankunftslager", zu dem die Gleise durch das aus Ziegelsteinen erbaute Tor (heute sozusagen das „Profilbild" und Erkennungszeichen für Auschwitz) führten, das wir jetzt besuchten, diesmal ohne Führung, besteht aus unzähligen Holzbaracken, in vielen befanden sich die Mehrstockbetten, in denen die Gefangenen schlafen und leben mussten, auch hier waren es waren die Originaldrehorte in Spielbergs „Schindlers Liste". Es hatte wieder angefangen zu regnen, wir gingen durch die Pfützen auf dem Kiesweg von Baracke zu Baracke, dieser Weg erschien uns wichtig, um das während der Führung Gesehene zu verarbeiten und zu reflektieren. Wir gingen nicht über das gesamte, endlos erscheinende Gelände dieses Lagerbereichs, der Regen nahm zu, und er verstärkte unsere Stimmung.

Wir fuhren mit dem Bus zurück zu unserem Parkplatz, setzten uns ins Auto und fuhren fast schweigend durch Regen und Nachmittagsrush-hour zurück nach Krakau. Wir waren beide unter dem Eindruck dieses Tages, der sich in unsere Köpfe eingebrannt hatte, der uns aber helfen wird, darüber zu berichten, weil so etwas nie wieder passieren darf. Aber ich selbst bin diesbezüglich pessimistisch. Es hat in den 90-er Jahren des letzten Jahrhunderts Srebrenica in Bosnien gegeben, es hat eine Million Tote in Ruanda innerhalb von drei Monaten gegeben, als die Hutu die Tutsi ausrotten wollten, es gibt die Vertreibung und Ermordung der Rohinga in Myanmar in genau unserer Zeit, und es wird weitere Holocausts auf dieser Welt geben, es fängt immer wieder von vorne an. Marta erinnert sich an Marlene Dietrichs Lied *„Weißt du, wo die Blumen sind?"*, in der auch alles wieder von vorne beginnt.

Aber trotzdem dürfen wir nicht aufhören, uns und andere zu erinnern, und ich glaube, viele dächten noch mehr darüber nach, wenn sie einen Besuch in Auschwitz wagen würden.

Epilog:

Wir besuchen zwei Tage nach dem Besuch in Auschwitz das Jüdische Viertel, die Reformierte Synagoge und die Alte Synagoge, in der sich heute ein Museum befindet. Heute leben nur wenige Juden in Krakau, aber einige, deren Eltern Auschwitz überlebt haben, sind zurückgekehrt. Das Viertel ist restauriert, ist ein Hotspot für Restaurants und Kneipen, es gibt einige Gaststätten mit typisch jüdischen Gerichten, zum Teil koscheren Speisen. Wir bummeln an diesem Abend durch das Viertel, treffen am Abend in einer Bar Freunde von Marta, die viel über das jüdische Leben in Krakau wissen, aber bei mir bleibt die Erinnerung an den zwei Tage zurückliegenden Auschwitz Besuch, an den Besuch von Schindlers Fabrik einen weiteren Tag zuvor...

Sonntag ist der Tag vor meiner Abreise. Marta lädt mich zu einem Spaziergang ein. Er führt uns zum ehemaligen Arbeitslager Plaszow. Wir gehen durch ein bewaldetes Gebiet, es ist jedoch kein alter Baumbestand, sondern es überwuchert das ehemalige Lager, in welchem der Lagerkommandant Amon Göth, genannt „der Schlächter von Krakau", sein satanisches Unwesen trieb. Das ehemalige Lager droht, von der Natur verschluckt zu werden, wenn nicht ein Erinnerungsmonument aus sozialistischer Zeit, das sich trotzig über das Gelände erhebt, sowie viele Stellwände mit Zeitzeugenberichten in Englisch und Polnisch an die Jahre zwischen 1940 – 1945 erinnern. Zentrum des Lagers war ein Steinbruch, in dem viele Zwangsarbeiter unter unmenschlichen Bedingungen den Kalkstein herausbrechen mussten. Entlang dessen Rand mit fast hundert Meter tiefen Steilwänden führt ein Weg zu einem künstlich aufgeschütteten Aussichtshügel über Krakau. Wir bleiben an diesem Abend lange dort oben stehen, lauschen einer polnischen Führerin, die einer Schulklasse aus Tschechien mit ungefähr 15/16-jährigen Jungen und Mädchen auf Englisch nicht nur den Blick über Krakau, sondern auch die Bedeutung des Lagers Plasnow, in dem Oskar Schindler die Juden für seine Topffabrik rekrutierte, um sie zu retten, erläutert. Es waren nur wenige im Vergleich zu den Millionen, die ermordet wurden. Aber irgendwo in diesen Tagen habe ich folgenden Satz aus dem Talmud gelesen:

Wer einen Menschen rettet, der rettet die ganze Welt

Dies bleibt mir in Erinnerung. Und der Besuch von Auschwitz -Birkenau wird nie wieder aus meinem Gedächtnis zu löschen sein. Danke, dass ich dies im Herbst meines Lebens noch erfahren konnte.

Von Klaus Wehmeyer ist bei BoD außerdem erschienen:

Nimm uns mit, Kapitän, auf die Reise...

Erinnerungen an den Kapitän Ernst Wehmeyer

Hamburg 2021

ISBN 978 3 755 70057 9

Klaus Wehmeyer berichtet über das Leben seines Vaters

Weitere Texte, Reiseberichte, Ankündigungen auf

www.klaus-wehmeyer.de